Friedrich Aereboe

Anleitung zur Buchführung für den Landwirt

Friedrich Aereboe

Anleitung zur Buchführung für den Landwirt

ISBN/EAN: 9783743324299

Hergestellt in Europa, USA, Kanada, Australien, Japan

Cover: Foto ©Lupo / pixelio.de

Friedrich Aereboe

Anleitung zur Buchführung für den Landwirt

Anleitungen

für den praktischen Landwirt.

Herausgegeben vom Direktorium

der

Deutschen Landwirtschafts-Gesellschaft.

Der Sammlung Nr. 4.

Buchführung.

Berlin 1896.

Druck von Gebr. Unger, Bernburgerstraße 30.

Vorwort.

Nachdem das Direktorium der D. L.-G. schon seit dem Jahre 1893 von Mitgliedern wiederholt angeregt worden war, der landwirtschaftlichen Buchführung eine größere Aufmerksamkeit zuzuwenden, suchte dasselbe in Stück 8 der Mitteilungen vom Jahre 1894 weitere Kreise für diese neue Aufgabe der Gesellschaft zu gewinnen. Auf die hierauf erfolgten zahlreichen Kundgebungen hin wurde auf den 6. Dezember 1894 eine Versammlung solcher Mitglieder einberufen, welche der Sache ein besonderes Interesse entgegengebracht hatten. In dieser Versammlung wurde beschlossen, bei dem Direktorium die Bildung eines Sonderausschusses für Buchführung und einer Buchführungsstelle in der D. L.-G. zu beantragen. Nachdem hierauf zunächst der von dem Direktorium berufene Sonderausschuß am 21. Februar 1895 zusammengetreten war, wurde in der am 6. Juni desselben Jahres stattgehabten Gesamtausschußsitzung der D. L.-G. die Grundregel der Buchführungsstelle festgesetzt. Nach dieser Grundregel hat die Buchführungsstelle in erster Reihe die Aufgabe, die Buchführung der Mitglieder der D. L.-G. zu fördern. Zu dem Zweck soll sie auf Wunsch:

a) die Bücher und Abschlüsse der Mitglieder prüfen,
b) Buchführungen einrichten,
c) Buchführungen dauernd beaufsichtigen.

Ist sodann die Buchführungsstelle erst einige Jahre in Wirksamkeit gewesen und hat sie eigene Erfahrungen gesammelt, so soll sie außerdem auch versuchen, die dabei erzielten Ergebnisse für die landwirtschaftliche Praxis und Wissenschaft allgemein nutzbar zu machen.

Nach dem vom Sonderausschuß in seiner Sitzung vom 16. Oktober 1895 aufgestellten Arbeitsplane der Buchführungsstelle soll dieselbe die Bücher der einzelnen Wirtschaften nicht auf Grund einzusendender periodischer Berichte in der Geschäftsstelle zu Berlin führen, sondern den Landwirten vielmehr nur die nötige Anleitung dazu geben, daß dieselben ihre Buchhaltung selbst durchzuführen in der Lage sind. Dementsprechend wird die Buchführungsstelle ihr Augenmerk vornehmlich darauf richten, vom Einfacheren, durchaus Notwendigen, allmählich zum Vollkommeneren vorzudringen.

Die Buchführungsstelle hofft durch ihre Wirksamkeit einem gerade in der Gegenwart dringend hervorgetretenen praktischen Bedürfnisse dienen zu können. Die Notwendigkeit einer geordneten Rechnungsführung in der Landwirtschaft wird von den praktischen Landwirten heute auch allgemein anerkannt. Die zunehmende Geldwirtschaft, die Menge der in den landwirtschaftschaftlichen Betrieben heute umlaufenden Kapitalien und die in ihnen zur Verwendung kommenden Arbeitskräfte haben denselben eine derartige Wandelbarkeit gegeben, daß der Landwirt sich einer solchen Einsicht nicht mehr verschließen kann, zumal ihn die wenig günstige Lage der Erwerbsverhältnisse zwingt, alle Hebel in Bewegung zu setzen, um Aufwand und Erfolg in ein möglichst günstiges Verhältnis zu einander zu bringen. Auch die Thatsache, daß nur eine geordnete Buchführung den Landwirt in den Stand setzt, sich vor zu hoher Besteuerung zu schützen, bedingt die Notwendigkeit einer geordneten Buchführung.

Wenn dieselbe trotz dieser Notwendigkeit und deren Er= kenntnis zur Zeit noch nicht Allgemeingut der deutschen Land= wirte geworden ist, so hat das seinen Grund in den mannig= faltigen Schwierigkeiten, die der Ein= und Durchführung einer geregelten, zweckdienlichen Buchhaltung gerade in der Land= wirtschaft entgegentreten. Der landwirtschaftliche Betrieb ist ein ganz eigenartiger und im Vergleich zu anderen gewerb= lichen Betrieben besonders vielgestaltiger. Er stellt daher an das Können des Betriebsleiters außer sonstigen Anforderungen im besonderen auch noch die, seine Buchführung der Eigen= artigkeit dieses Betriebes anzupassen.

Mag die Erreichung dieses Zieles auch mit manchen Schwierigkeiten verknüpft sein, so ist deren Überwindung doch eine unabweisbare Notwendigkeit. Obwohl diese zwar keinen= falls mit einem Male — wie über Nacht — erwartet werden darf, so ist doch zu hoffen, daß auch auf diesem wichtigen Gebiete allmälich ein gesunder Fortschritt sich Bahn brechen wird. Im Interesse eines solchen ist allerdings jede Über= stürzung sorgfältig zu vermeiden. Wer den Berg mit einem Sprunge nehmen will, erreicht den Gipfel niemals. Erst wenn die einfachere Form der Buchführung dem Landwirt durch praktische Anwendung geläufig geworden ist, kann er mit Erfolg zu einer vollkommeneren übergehen. Selbstredend muß man das Ziel mit den einfachsten Mitteln zu erreichen suchen. Technische Ausdrücke, welche das Wesen der Sache nur dem= jenigen verständlich machen, dem dieselben geläufig sind, müssen dort vermieden werden, wo dies nicht zutrifft. Hier müssen an deren Stelle Bezeichnungen treten, welche auch dem Uneingeweihten das Wesen der Sache möglichst leicht klar= stellen.

In demselben Sinne, wie die gesamte Thätigkeit der Buchführungsstelle in der hier kurz angedeuteten Weise gedacht ist, soll auch die vorliegende Anleitung der Verbreitung einer geordneten Buchführung unter den Mitgliedern der Gesellschaft dienen, und zwar sind dabei in erster Reihe diejenigen ins Auge gefaßt, welche eine Unterstützung durch die Buch=führungsstelle direkt in Anspruch nehmen wollen. Die An=ordnung des Stoffes ist so gewählt, daß jeder größere Abschnitt eine in sich abgeschlossene Buchführung darstellt. Der Abschnitt A I bespricht eine Buchführung, die lediglich den Zweck verfolgt, den Ertrag eines landwirtschaftlichen Betriebes im ganzen, sowie das steuerpflichtige Einkommen des Betriebsinhabers (Besitzer oder Pächter) nachzuweisen. Demgemäß ist hier nur das für diese Zwecke Notwendige be=sprochen und daraus gleichzeitig ersichtlich, welche Bücher für eine geordnete landwirtschaftliche Buchführung zum mindesten erforderlich sind. Im Abschnitt A II werden sodann die=jenigen Bücher der einfachen Buchhaltung erörtert, welche als Vervollkommnung der Stufe A I geführt werden können und zum Teil als Grundbücher für die systematische Buchführung (B) geführt werden müssen. Die systematische Buchführung kann sich einmal lediglich auf die Umsätze zwischen Wirtschaft und Außenwelt erstrecken, wie es die kaufmännische Buchhaltung thut, — hiervon handelt der Abschnitt B I —, oder aber sie kann, dem besonderen Charakter des landwirtschaftlichen Ge=werbes Rechnung tragend, den landwirtschaftlichen Betrieb in eine Reihe selbständiger Betriebszweige zerlegen, über die alsdann gesondert Rechnung geführt wird. Hiervon handelt der Abschnitt B II.

Selbstredend kann und will diese Anleitung keinen An=spruch darauf machen, ein ausführliches Lehrbuch der land=wirtschaftlichen Buchführung zu sein; dafür ist ihr Rahmen ein viel zu enger. Es mußte z. B. gänzlich darauf verzichtet werden, die Rechnungen über die verschiedenen Betriebszweige einzeln einer Betrachtung zu unterwerfen. Mehr Gewicht wurde vielmehr darauf zu legen gesucht, das Wesen der Sache verständlich darzustellen, als alle Einzelheiten aufzuführen.

Bezüglich des Weiteren für den Nachweis des steuerpflichtigen Einkommens ist auf eine voraussichtlich demnächst von der Buchführungsstelle herauszugebende besondere Anleitung zu verweisen; desgleichen bezüglich der Geldwertbestimmung der in der Wirtschaft erzeugten und wieder verbrauchten Produkte auf eine ausführliche Arbeit, welche der Geschäftsführer im Auftrage des Sonderausschusses für Buchführung verfaßt hat.

Die vorliegende Anleitung ist im Auftrage des Sonderausschusses für Buchführung von dem mitunterzeichneten Geschäftsführer desselben bearbeitet, hat aber vor ihrer Veröffentlichung den Mitgliedern des Sonderausschusses zur Beurteilung vorgelegen.

Poppelsdorf und Berlin, im Mai 1896.

Deutsche Landwirtschafts-Gesellschaft

Sonderausschuß für Buchführung

Dr. Freiherr von der Goltz,
Vorsitzender.

Dr. Aereboe,
Geschäftsführer.

Inhalt.

A. Die einfache Buchführung.

I. Die Feststellung des gesamten Ertrages der Wirtschaft und des Jahreseinkommens des Betriebsinhabers.

1. Feststellung des gesamten Ertrages.

a) Vorbemerkungen.

Die landwirtschaftliche Buchführung soll das Gedächtnis des Landwirtes unterstützen und ihm alle zu seinem Besitze gehörenden Vermögensstücke nach Art, Zahl, Menge, Geldwert u. s. w. zu überblicken ermöglichen. Sie soll ihm Rechenschaft ablegen über jede Zunahme, Abnahme und Umgestaltung, die sich an denselben vollzieht, und ihm zeigen, in welchem Zusammenhange diese Veränderungen mit seiner wirtschaftlichen Thätigkeit stehen, um ihm dadurch Sicherheit in seinem Handeln zu geben und ihn in den Stand zu setzen, seine Maßnahmen immer gewinnbringender zu gestalten.

Die landwirtschaftliche Buchführung hat es hierbei in erster Reihe mit landwirtschaftlichen Betrieben, großen und kleinen Landgütern, zu thun. Mit ihrer Hülfe soll festgestellt werden, um wie viel die zu einem solchen Betriebe gehörenden Besitzteile sich unter den jeweiligen Verhältnissen im Laufe eines Wirtschaftsjahres vermehrt bezw. auch vermindert haben und welchen Besitzzuwachs oder Ertrag dieselben ihrem Besitzer brachten.

An zweiter Stelle berücksichtigt die Buchführung des Landwirtes auch Besitzteile, die nicht zu seinem landwirtschaftlichen Betriebe gehören. Er zieht dieselben der Bequemlichkeit halber oft mit in seine Buchhaltung hinein, um nicht eine besondere Buchführung für dieselben einrichten zu müssen. Bei größerem Umfange dieser nicht zum landwirtschaftlichen Betriebe gehörenden Besitzteile ist jedoch eine solche besondere Buchführung für sie nicht zu entbehren.

In jedem Falle aber muß streng daran festgehalten werden, daß die landwirtschaftliche Buchführung es zunächst mit der Ermittelung des Ertrages eines landwirtschaftlichen Betriebes als solchen, als eines selbstständigen, wirtschaftlichen Ganzen, eines wirtschaftlichen Organismus, zu thun hat, losgelöst von den etwaigen übrigen Vermögensteilen seines Besitzers. Weder Verluste noch Gewinne an letzteren können den Ertrag eines landwirtschaftlichen Betriebes beeinflussen, diese beeinflussen vielmehr nur die Summe des Besitzzuwachses der Einnahmen, welche dem Besitzer aus allen seinen Besitzteilen zusammen zufließen.

Es ist z. B. für den Ertrag eines Landgutes ganz einerlei, ob sein Besitzer neben demselben noch 10 000 oder noch 20 000 ℳ solcher Wertpapiere besitzt, die eine Forderung an andere (Aktivkapitalien) darstellen, wie z. B. Staatsschuldscheine; in gleichem Sinne ist es einerlei, wenn umgekehrt der Besitzer Forderungen anderer an ihn (Passivkapitalien) besitzt, wie z. B. Hypothekenschulden. Im ersteren Falle bildet der Ertrag seines Landgutes zuzüglich der Zinsen seiner Forderungen, im letzteren Falle der Ertrag seines Landgutes abzüglich der Zinsen der Forderungen anderer an ihn sein persönliches Einkommen. Aktivkapitalien, die der Besitzer außer einem Landgute besitzt, ermöglichen es ihm, dem Ertrage des letzteren einen anderweitigen Ertrag hinzuzufügen, Passivkapitalien zwingen ihn, von dem Ertrage des Landgutes einen Teil abzugeben, ehe er sein Einkommen erhält. Der Ertrag des Landgutes selbst bleibt dabei aber immer derselbe; genau so, wie er der gleiche bleibt, einerlei ob zwei oder drei Besitzer sich in ihn teilen müssen, oder ob er einem Besitzer allein zufällt.

Wenn daher der Landwirt für sein Landgut und seine anderen Besitzteile, wie Wertpapiere, Hypothekenschulden, Privatkasse seines Haushaltes u. s. w. eine gemeinsame Buchführung führt, so muß er später eine Sonderung der Rechnung über diese Besitzteile von der eigentlich landwirtschaftlichen Buchführung vornehmen, das heißt, er muß aus letzterer alles ausscheiden, was nicht den landwirtschaftlichen Betrieb als solchen betrifft. Nur so ist es möglich, den reinen Ertrag desselben zu ermitteln.

Ertrag oder Reinertrag eines Gutes ist das, was die zu demselben gehörenden Besitzteile im Laufe eines Rechnungsjahres in Summa an Geldwert zugenommen haben.

Jeder wirtschaftliche Betrieb erheischt Aufwendungen, welche den Besitz zwar zunächst mindern, später aber eine Vermehrung desselben bedingen sollen. Ist diese Vermehrung größer als die Verminderung, so sprechen wir von einem reinen Ertrage oder schlechtweg Ertrage. Äußern kann sich dieser Ertrag in verschiedener Weise.

Denken wir uns einen Gutsbetrieb, der am Anfang des Rechnungsjahres einem Verwalter derart übergeben würde, daß der Besitzer bis zum Schlusse des Jahres in keinerlei Beziehung mehr zu ihm stände. Nach Ablauf der genannten Zeit würde unter diesen Umständen der Ertrag dieses Gutes das sein, was am Jahresschluß an Geldwert mehr vorhanden ist, als am Anfang dem Verwalter übergeben wurde, sei dies nun eine vollere Kasse, oder ein Zuwachs an Vieh, eine Vermehrung der Geräte und Maschinen und dergleichen mehr. Hierbei ist es aber auch denkbar, daß der Besitzer schon innerhalb des Rechnungsjahres dem Gute bares Geld oder Naturalien für sich und seine privaten Zwecke z. B. zum Unterhalte seiner Familie, entzieht; in diesem Falle wird ihm ein Teil des Ertrages schon vor Schluß des Rechnungsjahres überwiesen. Dieser Teil wäre dann am Jahresschlusse der sonstigen, sich etwa noch herausstellenden Besitzvermehrung als Gutsertrag hinzuzufügen. Es ist ferner aber auch der weitere Fall denkbar, daß der Besitzer selbst Leiter und Verwalter seiner Wirtschaft wird, daß also ihm die Unterhaltungskosten des gesparten Verwalters zukommen. In diesem Falle sind daher von den ihm überwiesenen Werten das Verwaltergehalt und die dem Verwalter zustehenden Naturalien in Abrechnung zu bringen, denn

1*

die Kosten des Betriebsleiters sind stets zu den notwendigen Aufwendungen eines Gutes zu rechnen.

Der Ertrag eines Gutes stellt sich demnach dar als das, was dem Besitzer im Laufe des Rechnungsjahres an barem Gelde oder an Geldwert in Form von Naturalien überwiesen worden ist. zuzüglich der Wertszunahme (bezw. abzüglich Wertsabnahme), die das Gut selbst in allen seinen Teilen zusammengenommen erfahren hat. Von dem ersteren Betrage sind jedoch dort, wo der Besitzer zugleich auch Leiter seines Gutes ist, die Kosten, die ein anderweitiger Leiter verursachen würde, in Abrechnung zu bringen.

Voraussetzung ist hierbei allerdings, daß dem Gute von seiten des Besitzers innerhalb des Rechnungsjahres keinerlei neue Zuwendungen aus anderweitigen Privatmitteln gemacht worden sind. Sollte dies der Fall sein, so müssen dieselben entweder den am Jahresanfang vom Gute übernommenen Besitzteilen nach ihrem Geldwert nachträglich zugeschlagen, oder aber von der am Jahresschluß ermittelten Besitzvermehrung in Abrechnung gebracht werden, um den Ertrag des Gutes zu erhalten.

Es müssen daher, um den Ertrag eines landwirtschaftlichen Betriebes ermitteln zu können, folgende zwei Fragen klargestellt werden:

1. Was ist dem Besitzer von dem Gute im Laufe des Rechnungsjahres für seine privaten Zwecke an Geld oder geldwertigen Dingen überwiesen worden?

2. Welchen Wertzuwachs, bezw. welche Wertsminderung haben die zum Betriebe gehörenden, demselben vom Besitzer überwiesenen Besitzteile im Laufe des Rechnungsjahres erfahren?

Würde sich am Schluß des Rechnungsjahres eine Wertsminderung der dem Gute anfänglich überwiesenen Besitzteile herausstellen, so müßte diese ihrem Geldbetrage nach von den dem Besitzer zugeflossenen Beträgen in Abzug gebracht werden, weil ein Teil der letzteren nicht auf einen Ertrag der Wirtschaft zurückgeführt werden könnte, sondern darauf, daß zum Gute gehörige Teile verbraucht wurden, ohne daß ein genügender Ersatz dafür stattfand.

Es ergiebt sich hieraus, welche Rechnungen wir zur Feststellung des Ertrages eines landwirtschaftlichen Betriebes nötig haben. Es sind die folgenden drei:

1. Die Geldrechnung, welche anzugeben hat, was dem Besitzer im Laufe des Rechnungsjahres an barem Gelde für seine privaten Zwecke von der Wirtschaft überwiesen wurde und was letzterer umgekehrt gegebenen Falls der Wirtschaft an barem Gelde aus anderweitigen Privatmitteln zuge= wiesen hat.

2. Die Naturalien=Rechnung für den Haushalt des Besitzers, welche nachzuweisen hat, was dem Besitzer an Naturalien von der Wirtschaft übermittelt wurde.

3. Die Bestands= oder Inventarien=Rechnung, welche feststellen soll, ob und in welchem Maße die dem Gute überwiesenen Besitzteile sich ihrem Geldwerte nach vermehrt oder vermindert haben.

Wenden wir unsere Aufmerksamkeit zunächst der erstgenannten Rechnung zu.

b. Die Geldrechnung.

Wie soeben erwähnt, soll die Geldrechnung nachweisen, was dem Besitzer im Laufe des Rechnungsjahres an barem Gelde von der Wirtschaft als Geldertrag derselben überwiesen wurde.

Auf den ersten Blick könnte es scheinen, als wäre hierfür eine besondere Rechnung nicht notwendig. Der Besitzer übergiebt der Wirtschaft einfach am Anfang des Rechnungsjahres einen gewissen Betrag von barem Gelde. Was er am Jahresschlusse aus der Wirtschaftskasse mehr zurückerhält, stellt den Geldertrag der Wirt= schaft dar und bildet mit dem sonstigen Ertrage, den erhaltenen Naturalien, und einer etwa eingetretenen Wertsvermehrung der zum Gute gehörenden Besitzteile den gesamten Ertrag desselben. Ist dagegen eine Verminderung in der Kasse eingetreten, so ist das Weniger von dem anderweitigen Ertrage in Abrechnung zu bringen, um den wirklichen Ertrag zu erhalten. — Könnte man hiernach die Berechtigung des obigen Einwandes anscheinend auch zugeben, so stellt sich in Wirklichkeit doch eine besondere Rechnung über das Geld als notwendig heraus, weil der buchführende Landwirt die Möglichkeit haben muß, sich am Jahresschluß davon zu überzeugen, daß der nun vorhandene Kassenbestand auch den thatsächlich statt= gehabten Einnahmen und Ausgaben entspricht; daß nicht etwa ein Teil des Geldes, welches dem Besitzer hätte zufallen müssen, ab= handen gekommen ist u. s. w. Eine solche Überwachung wird aber nur dadurch ermöglicht, daß sämtliche Einnahmen und Ausgaben mit einer Angabe darüber, wann und wofür sie gemacht sind, in einer Kassen= oder Geldrechnung „verbucht" werden. Können wir auf diese Weise alle Einnahmen und alle Ausgaben nach Art und Betrag auf ihre Richtigkeit prüfen, so ist es uns auch nach= zuweisen möglich, was die Wirtschaftskasse an barem Gelde auf= weisen muß und ob ihr Bestand mit diesem rechnungsmäßig fest= gestellten Betrage übereinstimmt.

Es spricht jedoch noch ein anderer wichtiger Umstand für die Notwendigkeit einer Kassenrechnung. Sehr häufig übergiebt die Wirtschaftskasse schon vor Abschluß des Jahres dem Besitzer einen Teil ihrer Einnahmen. Diese müssen dabei selbstredend gebucht werden, um sie am Jahresschluß dem alsdann von der Kasse ab= zuliefernden Betrage zurechnen zu können; nur auf diese Weise kann der ganze von der Wirtschaft dem Besitzer gelieferte Geld= ertrag festgestellt werden. Ebenso ist umgekehrt der Fall denkbar, daß der Besitzer im Laufe des Jahres der Wirtschaftskasse aus seinen Privatmitteln neuen Zuschuß zu dem am Anfang des Jahres übergebenen Bestande macht. Dieser ist selbstverständlich kein Ertrag der Wirtschaft, sondern muß am Jahresschluß von dem Bestande abgerechnet werden, um den Geldertrag der letzteren zu erhalten.

Dort, wo die Wirtschaft mit der privaten Haushaltung des Besitzers eng verknüpft ist, spricht außerdem noch folgendes für die Notwendigkeit einer eingehenden Geldrechnung: Die Feststellung des Ertrages einer Wirtschaft erfordert es, daß die Ausgaben und

Einnahmen, welche lediglich für sie gemacht werden, allein be=
rechnet werden können. Dieses ist nun dort, wo der Besitzer und
seine Familie mit im Betriebe leben und mehr oder weniger einen
gemeinsamen Haushalt mit einem Teil des Wirtschaftsgesindes
führen, nicht immer sofort, sondern erst am Jahresschluß möglich.
Für Ausgaben, welche aus der gemeinsamen Beköstigung, aus der
Beleuchtung und Feuerung der gemeinsam benutzten Wohnräume
erwachsen, ist es unmöglich im Augenblick, wo sie gemacht werden,
zu ermessen, inwieweit sie das Gesinde und damit zweifellos die
Wirtschaft betreffen, und inwieweit sie dem Besitzer und seiner
Familie zur Last zu legen, also auf die private Rechnung des
letzteren zu schreiben sind. Dieser beiderseitige Anteil läßt sich
vielmehr erst, nach weiter unten zu erörternden Grundsätzen,
dann feststellen, wenn die Summe der für gemeinsame Zwecke ge=
machten Aufwendungen bekannt ist. Um dieselbe aber ermitteln
zu können ist es erforderlich, daß die Aufwendungen selbst ihren
Beträgen nach buchmäßig festzustellen sind.

Hieraus geht nun weiter hervor, daß es für die erörterten
Verhältnisse nicht möglich ist, die Wirtschaftskasse streng von der
Privatkasse zu trennen, sondern daß mindestens für diese gemein=
samen Ausgaben auch eine gemeinsame Kassenrechnung erforderlich
ist, in welcher alle diesbezüglichen Ausgaben und Einnahmen ver=
bucht werden. Um nun nicht gezwungen zu sein, drei Kassen,
eine für die Wirtschaft, eine für Privates und eine für
Gemeinsames einzurichten, so führt der Landwirt im
Laufe des Jahres nur eine Kasse und eine Kassenrechnung,
nimmt dann aber am Schluß desselben eine Trennung der
einzelnen Einnahmen und Ausgaben vor, um dieselben
nach den erörterten Gesichtspunkten gesondert zu er=
mitteln.

Aus dieser gemeinsamen Kasse werden mithin sämtliche Aus=
gaben des Landwirtes bestritten, in dieselbe gelangen alle seine
Einnahmen, ganz einerlei, woher sie kommen. In der gemeinsamen
Kassenrechnung müssen demzufolge auch alle Einnahmen und Aus=
gaben fortlaufend ohne Rücksicht darauf, ob sie für die Wirtschaft

oder für private Zwecke des Besitzers (Privates) oder für gemeinsame Zwecke beider erfolgten, verbucht werden. Für eine solche
Geldrechnung genügt ein sehr einfach eingerichtetes „Kassenbuch".
Die Einnahmen und Ausgaben erhalten in demselben besondere
Seiten. Entweder werden hierbei alle Seiten der ersten Hälfte
des Buches als Einnahme-Seiten, die der zweiten Hälfte als Ausgabe-Seiten eingerichtet, oder aber man richtet auf jedem Buchblatt
d. h. auf jeder Doppelseite links eine Einnahme-, rechts eine
Ausgabe-Seite ein. Jede dieser Seiten erhält ganz links eine
schmale Spalte zur Eintragung der Zeit, in welcher sich die Rechnungsvorfälle ereigneten, die sogenannte „Zeitspalte", rechts davon
eine breitere „Textspalte" zur Beschreibung der Rechnungsvorfälle,
— Angabe des verkauften oder gekauften Gegenstandes, der Art,
Menge des Gewichtes desselben, des auf Stück oder Gewichtseinheit
erzielten oder gezahlten Preises u. dergl. — und rechts davon eine
Spalte zur Eintragung des erzielten oder gezahlten Geld-Betrages
die sogenannte „Betragsspalte".

Da aus den Beträgen selbst aber nicht ersichtlich ist, ob dieselben auch der Wirklichkeit entsprechen, ob die gekauften Gegenstände nicht etwa weniger gekostet haben, als gebucht wurde u. s. w.,
so ist es namentlich bei ausgezahlten Beträgen, also bei den Ausgaben, nothwendig, einen Nachweis für die Richtigkeit zu erbringen,
sei es nun in Gestalt einer Quittung, eines Posteinlieferungsscheines,
eines Briefes oder eines anderen, mit dem Sammelnamen „Beleg"
zu bezeichnenden schriftlichen Beweises. Um diese Beläge jederzeit
leicht auffinden zu können, werden sie fortlaufend numeriert und
ihre Nummern fortlaufend im Kassenbuch in einer besonderen
schmalen „Belagspalte" verzeichnet.

Dies sind sämtliche Spalten, welche im Laufe des Jahres
notwendig sind. Um nun aber am Jahresschluß die für die Er-
tragsrechnung notwendige Trennung der lediglich die Wirtschaft
betreffenden Einnahmen und Ausgaben von anderen unschwer vornehmen zu können, ist es empfehlenswert, neben der Betragsspalte,
in welche alle Einnahmen und Ausgaben eingetragen werden und
die wir jetzt Hauptbetragsspalte nennen wollen, noch einige andere

Spalten anzubringen. Alles, was nicht zur Wirtschaft gehört, nennen wir „Privates" oder „Persönliches". Dieses muß, wie schon hervorgehoben, aus der Gesamt=Einnahme und =Ausgabe ausgeschieden werden, wenn man die Wirtschaftseinnahmen oder Wirtschaftsausgaben erhalten will. Zu diesem Zwecke können wir im Kassenbuche im Einnahmen= und im Ausgabenteil hinter der Hauptbetragsspalte eine zweite mit „Privat" überschriebene Spalte einrichten, in welche am Jahresschluß alle diesbezüglichen Beträge zum zweiten Mal verzeichnet werden. — Die Ausschreiben dieser Beträge ist im Einnahmeteil leicht zu bewerkstelligen, denn es ist leicht zu überblicken, ob eine Einnahme aus der Wirtschaft oder aus einer Quelle stammt, die mit der Wirtschaft nichts zu thun hat. Anders steht es dagegen im Ausgabeteil. Zunächst stehen zwar auch hier Ausgaben verzeichnet, für welche es gleichfalls leicht zu ersehen ist, ob dieselben für Wirtschaft oder Privat gemacht wurden. Daneben aber stehen hier auch die bereits berührten Ausgaben für die gemeinschaftlichen Zwecke, Beköstigung u. dergl., von Gesinde und Herrschaft. Wie erwähnt, können dieselben erst dann in „Wirtschaft" und „Privat" zerlegt werden, wenn ihre Gesamtsumme bekannt ist. Zu dem Zwecke wird hier im Ausgabeteil des Kassenbuches noch eine dritte Spalte eingerichtet, in welche diese Beträge zunächst nochmals besonders verzeichnet werden. Die Summe derselben wird sodann am Jahresschluß nach gleich zu erörternden Grundsätzen sinngemäß auf Wirtschaft und Privates verteilt und nur der auf letzteres entfallende Teilbetrag mit in die zweite „Privat=Ausgaben" überschriebene Spalte, eingetragen.

Nunmehr stehen die gesamten Einnahmen und Ausgaben in den beiden Hauptbetragsspalten und die privaten noch gesondert in den beiden „Privat"=Spalten. Wir brauchen jetzt nur die privaten Einnahmen von der Gesamt=Einnahme in Abzug zu bringen, um die Wirtschafts=Einnahmen, und die privaten Ausgaben von der Gesamt=Ausgabe, um die Wirtschafts=Ausgaben zu erhalten. Aus dem Mehr der Wirtschafts=Einnahmen gegen die Wirtschafts=Ausgaben ergiebt sich alsdann der Geldertrag der Wirtschaft. Der Unterschied zwischen Gesamt=Einnahme und Gesamt=Ausgabe ergiebt den buchmäßigen Kassenbestand, welcher mit dem vorhandenen

Kassenbestande übereinstimmen muß. Ein Überschuß an privaten Ausgaben muß der Wirtschaft entnommen sein, da eine dritte Quelle nicht vorhanden ist, er stellt den dem Besitzer bereits innerhalb des Rechnungsjahres von der Wirtschaft gelieferten Teil an barem Gelde dar. Zählen wir zu diesem Unterschiede das etwa vorhandene Mehr des Kassenbestandes am Schlusse des Jahres gegen den Anfangsbestand hinzu, bezw. ein Weniger ab, so müssen wir wieder den ganzen Ertrag der Wirtschaft an barem Gelde erhalten; trifft dies zu, so ist damit gleichzeitig die Richtigkeit unserer Rechnung erwiesen. Das, was an Geld abgeliefert ist, zuzüglich was über das überkommene Maß hinaus noch zur Ablieferung vorhanden ist, muß ja den gesamten Geld=Ertrag darstellen. Die Einrichtung unseres Kassenbuches ist demzufolge die nachstehende:

Einnahmen=Seite.

(Am Jahres-
schluß zu be-
nutzen.)

(Zeitspalte)	(Textspalte)	Beleg	(Betrags-spalte)	
	Bezeichnung der Einnahme		Geldbetrag	Privat
Monat Tag			Mk. Pf.	Mk. Pf.

Ausgaben=Seite.

(Am Jahresschluß zu
benutzen.)

Monat Tag	Bezeichnung der Ausgabe	Beleg	Geld-betrag	Privat	Gemein-same Be-köstigung u. s. w.
			Mk. Pf.	Mk. Pf.	Mk. Pf.

Bei der Beurteilung dessen, ob eine Einnahme oder Ausgabe zur Wirtschaft gehört oder nicht, ist folgendes zu beachten. Als private Einnahme des Besitzers sind alle Einnahmen zu betrachten, die demselben unabhängig von der Wirtschaft zufließen, z. B. die Zinsen von Kapitalien aller Art, etwaige Erbschaften, Schenkungen oder Gehälter, die ihm als Amtsvorsteher, Taxator u. s. w. zukommen. Als private Ausgaben sind alle diejenigen anzusehen, die seine Person, seine Familie und die Dienstboten seines Privathaushaltes betreffen, z. B. alle Ausgaben für Zimmereinrichtungen (Mobiliar) im Wohnhause seiner Familie, in der Wohnung seiner persönlichen Dienstboten (nicht aber des zur Wirtschaft gehörenden Gesindes), alle Ausgaben für Bekleidung seiner Person und seiner Familie, für Vergnügungen derselben, der Pachtzins, Abfindungen an Geschwister, die Zinsen für Schuldkapitalien wie Gutshypotheken, alle Ausgaben für Altenteile, Beiträge zu Versicherungen und Kassen aller Art, soweit sie seine Person oder die seiner Familienangehörigen betreffen, Feuerversicherungsbeiträge für sein privates Mobiliar, Steuern aller Art — mit Ausnahme der Grund= und Gebäudesteuer, der Deich= und Siellasten, der Zuckersteuer, Brennereisteuer und ähnlicher unmittelbar auf dem Betriebe lastender Abgaben, die als Wirtschaftskosten zu betrachten sind.

Die Summe der Ausgaben, welche für Beköstigung, Beleuchtung, Feuerung u. dergl. gemeinsam für Privates und Wirtschaft gemacht wurde, ist in folgender Weise auf beide Rechnungen zu verteilen. Zunächst wird festgestellt, wie viele Gesindepersonen und wie viele Personen von der Herrschaft an der gemeinsamen Beköstigung, welche hierbei die Hauptrolle spielt, teilgenommen haben. Dann wird durch Schätzung ermittelt, in welchem Verhältnis die Beköstigungskosten einer Gesindeperson zu denen einer Person des Haushaltes des Besitzers stehen. Wo in bäuerlichen Wirtschaften das Gesinde noch mit am Tische des Besitzers ißt, werden die Kosten gleich sein, sich also wie 100:100 verhalten; wo aber von seiten des Besitzers bereits größere Ansprüche gemacht werden, wird sich dieses Verhältnis immer mehr verschieben und in der Regel sich wie

65 bis 85 : 100 stellen. Die Zahl der beiderseitig an den Ausgaben teilnehmenden Personen wird dann mit ihrer Verhältniszahl multipliziert, also die Zahl der zur Herrschaft gehörenden Personen stets mit 100, die des Gesindes mit der entsprechenden, nach den jeweiligen Verhältnissen wechselnden Zahl. Die so erhaltenen Zahlen stellen alsdann das Verhältnis dar, nach welchem die gemeinsamen Kosten zu verteilen sind. Der hierbei auf Privates entfallende Teil ist den Ausgaben in der Spalte „Privat" hinzuzurechnen und sodann die Rechnung im Kassenbuch in der angegebenen Weise zum Abschluß zu bringen. Wo die Kosten der Beköstigung der Gesindepersonen ziemlich genau bekannt sind, können dieselben auch sofort von der gesamten Summe der gemeinsamen Aufwendungen in Abrechnung gebracht werden. Der Rest stellt alsdann den auf Privates entfallenden Anteil dar.

Bezüglich der äußeren Handhabung des Kassenbuches ist zu sagen, daß, wenn Einnahme- und Ausgabe-Seiten nebeneinander als Doppel-Seiten eingerichtet sind, es zweckmäßig ist, die Seiten stets gleichzeitig abzuschließen, sobald eine derselben vollgeschrieben ist. Es hat das den Vorteil, daß die zu einer bestimmten Zeit gemachten Einnahmen und Ausgaben übersehen werden können. Die Textspalte des leeren Raumes der noch nicht ausgefüllten Seite wird hierbei durch einen schrägen, von links unten nach rechts oben verlaufenden Strich „die Buchhalternase" ausgefüllt. Der Additionsstrich wird stets auf beiden Seiten in g l e i c h e r Höhe gezogen und zwar nur durch die Zeitspalte und durch die Betragsspalten hindurch, stellt also eine unterbrochene gerade Linie dar; die Summe jeder Seite wird unter diesen Additionsstrich gesetzt und links von derselben im Textraum in gleicher Höhe der Vermerk „zu übertragen" geschrieben. Die neue Seite wird mit der Bezeichnung „Übertrag" im Textraum und der Summe der vorhergehenden Seite in der Betragsspalte „eröffnet" z. B.:

(Siehe nebenstehende Tabelle.)

Anstatt der gemeinsamen Kassenrechnung für Wirtschaft und Privat kann indes trotz gemeinsamer Kasse auch eine getrennte Rechnung in zwei Büchern geführt werden; in der einen „der

Einnahme=Seite.

Monat Tag		Bezeichnung der Einnahme	Betrag	Geld-betrag Mk. / Pf.	Privat-Einnahme Mk. / Pf.
August	1	Übertrag		2110 / 30	
"	13	für 4 Schweine bar		240 / —	
"	18	für 100 Ctr. Raps-saat b. Kühl-Rüben	45	1100 / —	
		Zu übertragen		3450 / 30	

Ausgabe=Seite.

Monat Tag		Bezeichnung der Ausgabe	Betrag	Geld-betrag Mk. / Pf.	Privat-Ausgabe Mk. / Pf.	Ausgaben für gemeinsame Bewirtschaftung Mk. / Pf.
August	1	Übertrag		1890 / —		
"	18	für 10 Ferkel		150 / —		
"	19	10 Pfd. Kaffee		16 / —		
"	19	1 Pfd. Thee		3 / —		
"	20	40 Pfd. Zucker		12 / —		
"	21	1 emaillierter Koch-topf		6 / 50		
"	29	1 Faß Bier für die Schnitter		6 / —		
"	30	4 Sensen		12 / —		
		Zu übertragen		2095 / 50		

Kassenrechnung für die Wirtschaft" werden alsdann alle Einnahmen und Ausgaben verbucht, welche die gemeinsame Kasse für die Wirtschaft macht, in der anderen „der Kassenrechnung des Besitzers" dagegen sind alle Einnahmen und Ausgaben zu verzeichnen, welche den Besitzer, seine Familie und den mit dem Gesinde gemeinsam geführten Haushalt betreffen. Von den in diesem letzten Kassen= buche verzeichneten Ausgaben ist dann am Jahresschlusse ein Pauschalbetrag für die zur Beköstigung u. s. w. des Gesindes gemachten Ausgaben in Abrechnung zu bringen und den für die Wirtschaft gemachten Ausgaben zuzuschreiben. Eine derartige Handhabung der Kassenrechnung hat den großen Vorzug, daß alle, den Besitzer betreffenden Einnahmen und Ausgaben in einem besonderen Buche stehen, und daß demnach jedermann die Kassen= rechnung der Wirtschaft einsehen kann, ohne über die privaten Einnahmen und Ausgaben des Besitzers Aufschluß zu erhalten. Sie hat aber den Nachteil, daß zwei Bücher erforderlich sind und abgeschlossen werden müssen, wenn die Übereinstimmung der Kassenrechnungen mit der Kasse selbst erwiesen werden soll.

Soll die Ermittelung der für Herrschaft und Gesinde ge= machten gemeinsamen Ausgaben von den für die Herrschaft allein erfolgten Geldaufwendungen vorgenommen werden, so muß in der Kassenrechnung des Besitzers im Ausgabeteil eine diesbezügliche Trennung vorgenommen, also eine Spalte eingerichtet werden, in welche diese für gemeinsame Zwecke erfolgten Ausgaben in der bereits oben beschriebenen Weise zum zweiten Male einzutragen sind.

Diese Führung zweier Kassenrechnungen bei gemeinsamer Kasse ist besonders für größere Betriebe zu empfehlen; für kleinere dagegen, wo niemand anders als der Besitzer selbst die Geld= rechnungsbücher in die Hand bekommt, empfiehlt sich die oben be= schriebene Führung eines einzigen Kassenbuches.

Mit denjenigen Verkäufen und Einkäufen, welche nicht gegen sofortige, sondern erst gegen spätere Zahlung gemacht werden, ver= fährt man in folgender Weise. Man verbucht dieselben in der Geldrechnung erst dann, wenn sie wirklich bezahlt sind, trägt sie aber bis zur erfolgten Zahlung in ein besonderes Buch, das Ab=

rechnungsbuch mit Fremden, oder auch Buch für Ausstände, Buch für Reste, Schuldenrechnung genannt, ein. Erfolgt die Zahlung eines bisher ausstehenden Betrages, so wird einerseits sowohl in diesem Buche vermerkt, daß und wann die Zahlung erfolgt ist, als auch andererseits in der Kassenrechnung der Verkauf oder Einkauf mit der vollen Bezeichnung dessen, wofür die Kasse die Einnahme oder Ausgabe machte, verzeichnet. In dem Textraum des Kassenbuches muß dabei stets das genaue Datum des wirklichen Verkaufs oder Einkaufs, sowie die Person, an die verkauft oder von der gekauft wurde, mit angegeben werden. Bezahlen wir z. B. ein Pferd, welches wir schon vor 3 Monaten auf spätere Zahlung vom Pferdehändler gekauft haben, so muß bei erfolgter Zahlung im Kassenbuche die Buchung lauten: Für ein am so und so vielten des Monats z. von N. N. gekauftes Pferd .... Mark x. Im Abrechnungsbuche muß dagegen neben dem verzeichneten Schuld= betrage der Vermerk: bezahlt am so und so vielten des Monats y, sowie die bezahlte Summe eingetragen werden, ferner die Seiten= nummer des Kassenbuches, auf welcher der betreffende Rechnungs= vorfall verbucht ist. Hierfür wird eine besondere Spalte „die Übertragungsvermerk=Spalte" eingerichtet.

Das Abrechnungsbuch oder Buch für Reste zerfällt in zwei Teile, in einen Verkaufsteil für ausstehende Einnahmen, und in einen Einkaufsteil für ausstehende, d. h. noch zu machende Aus= gaben. In jedem dieser Teile wird jeder Person, mit der wir in Rechnung treten, d. h. der wir etwas schuldig bleiben oder um= gekehrt, eine Doppelseite oder ein Teil einer solchen eingeräumt (von oben nach unten gerechnet), und mit ihrem Namen über= schrieben. Während sodann auf der einen Seite eingetragen wird, was auf spätere Zahlung verkauft oder gekauft wurde, wird auf der anderen Seite die erfolgte Zahlung und das Datum derselben und zwar auf derselben Linie vermerkt, auf welcher die Gegenstände, für welche die Zahlung geleistet wird, verzeichnet wurden. Der Einnahmeteil des Abrechnungsbuches mit Fremden erhält dem= entsprechend folgende Einrichtung.

Verkaufsteil des Abrechnungsbuches.

N. E. Richter in R.

Datum	Wir haben auf spätere Zahlung verkauft, der Käufer hat von uns erhalten	Belag	Betrag Mk.	Pf.	Datum	Hat an uns bezahlt oder uns geliefert	Kassenbuch (Seite)	Betrag Mk.	Pf.
Juli 30.	eine Kuh	24	340	—	Okt. 10	die Kuh bezahlt	11	340	—
August 7.	250 Ctr. Raps zu 11 Mark		2750	—	S. D. Kühl in B.				

Personen, denen wir häufig etwas verkaufen, richten wir eine ganze Doppelseite ein.

Man könnte den zweiten Teil des Abrechnungsbuches, den für ausstehende, also von uns noch zu leistende Ausgaben, in derselben Weise einrichten: auch auf die linke Seite die noch zu leistenden, auf die rechte die geleisteten Zahlungen verbuchen. Es ist dies jedoch nicht zweckmäßig, weil dann im Einnahmeteil auf den linken Seiten solche Beträge stehen würden, welche Einnahmen für uns bringen sollen, im Ausgabeteil dagegen solche, welche Ausgaben von uns fordern werden. Setzen wir dagegen im Ausgabenteil die von uns auf spätere Zahlung gekauften Gegenstände auf die rechten Seiten, und die Beträge, welche wir nachher für dieselben bezahlen, auf die linken, so haben wir in beiden Teilen stets links diejenigen Beträge stehen, welche wir anderen in Form von Gütern oder Geld liefern, auf den rechten Seiten dagegen stets diejenigen, welche andere an uns in Form von Gütern oder in Geld liefern sollen. Es hat das den großen Vorteil, daß wir leicht übersehen können, ob wir an andere mehr zu bezahlen, oder von anderen mehr zu erhalten haben, indem wir zu dem Zwecke nur die Beträge aller linken und aller rechten Seiten zu summieren brauchen. Ist die Summe der linken Seiten größer als die der rechten, so haben wir an andere mehr geliefert, demgemäß also auch mehr zu erhalten, als zu zahlen; ist dagegen die Summe der rechten Seiten größer, so haben wir mehr erhalten als geliefert, demnach also noch zu liefern d. h. zu zahlen. Wir werden später noch sehen, welche Vorteile sich mit einer solchen Darstellungsweise verbinden. Vorläufig wollen wir uns nur merken, daß im Verkaufsteile des Abrechnungsbuches die auf spätere Zahlung verkauften Gegenstände stets auf den linken, die erfolgten Zahlungen auf den rechten Seiten einzutragen sind; im Einkaufsteile dagegen die eingekauften Gegenstände stets auf einer rechten, die von uns geleisteten Zahlungen stets auf einer linken Seite zu verbuchen sind.

Der Einkaufsteil des Abrechnungsbuches erhält demzufolge nachstehende Einrichtung.

Einkaufsbuch oder Einkaufsteil des Abrechnungsbuches.
Kaufmann E. Stein in X.

Hat von uns an Zahlung erhalten			Hat uns auf spätere Zahlung verkauft, also geliefert			
Datum	Betrag Mk.	Pf.	Kassenbuch Seite	Datum		Beleg	Betrag Mk.	Pf.
				Juli 12.	an Kolonialwaren für den Haushalt	17	76	—

Wie die Kassen- und Schuldenrechnung für vollkommenere Formen der Buchführung zu handhaben ist, wird später besprochen werden.

C. Rechnung über die dem Besitzer von der Wirtschaft in Naturalform gelieferten Güter und Leistungen.

Wie hervorgehoben, ist das zweite Erfordernis der Ermittelung des Ertrages eines landwirtschaftlichen Betriebes die Feststellung dessen, was die Wirtschaft dem Besitzer innerhalb des Rechnungsjahres in Naturalform überwiesen hat, sowie was ihm etwa an Dienstleistungen der zur Wirtschaft gehörenden Arbeitstiere zu Gute gekommen ist. Erst der Geldwert aller dieser Leistungen, zusammen mit den bar für ihn verausgabten, ihm überwiesenen Geldern, stellt die Summe dessen dar, was er aus der Wirtschaft bezogen hat. Die Feststellung dieser Beträge ist zur Ertragsermittelung eines landwirtschaftlichen Betriebes auch dort notwendig, wo der Besitzer selbst Leiter desselben ist, wo ihm also als solchem Naturalien bezw. Leistungen der Wirtschaft zustehen. Hier muß ermittelt werden, ob und wieweit er etwa das ihm als Leiter zufallende Maß überschritten hat und wieviel im letzteren Falle infolgedessen von den ihm zugewiesenen Werten dem Wirtschaftsreinertrag zuzurechnen ist.

Die in Rede stehenden Leistungen der Wirtschaft bestehen in der Regel in Naturalien aller Art, welche im Haushalt Verwendung finden, wie Milch, Butter, Käse, Fleisch, Eier, Mehl, Grütze, Graupen, Gemüse, Obst u. s. w., in Wohnung für den Besitzer und seine Familie, in Leistungen der Spanntiere zu seinem Vergnügen bezw. zu sonstigen privaten Zwecken.

Über die Wohnung braucht eine besondere Rechnung nicht geführt zu werden. Der Mietswert derselben muß durch Schätzung ermittelt und am Jahresschluß seinem Geldwerte nach den übrigen Beträgen zugerechnet werden.

Ebenso ist für die Leistungen der Arbeitspferde je nach der privaten Beanspruchung ein Pauschalbetrag durch Schätzung festzustellen. Eine eingehendere Rechnung erfordern dagegen die dem Besitzer zugewiesenen Naturalien aller Art. Für die Ermittelung dieser bestehen dieselben Schwierigkeiten, welche bei der Ermittelung der baren Ausgaben für die gemeinschaftliche Beköstigung, Feuerung u. s. w. von Herrschaft und Gesinde besprochen worden sind, denn auch diese Materialien dienen fast ausschließlich beiden Teilen gemeinsam. Wir müssen daher auch hier denselben Weg einschlagen, den wir dort kennen gelernt haben, also erst die Summe der im Jahre gemeinsam verbrauchten Naturalien feststellen und darauf ihren Geldwert nach den erörterten Grundsätzen verteilen, um so den auf die private Rechnung des Besitzers entfallenden Anteil zu ermitteln. Zur Feststellung dieser für gemeinsame Zwecke aufgewandten Naturalien dient ein besonderes Buch, welches wir „Naturalienbuch für den Haushalt" nennen wollen. In dasselbe werden täglich die dem Haushalt überwiesenen Naturalien nach Menge oder Gewicht, sowie allwöchentlich die Anzahl der beköstigten Personen, nach Herrschaft und Gesinde getrennt, eingetragen. Für jede der in betracht kommenden Naturalien ist eine Spalte einzurichten, desgleichen eine Zeitspalte. Wir erhalten dann folgende Einrichtung:

Naturalienbuch für den Haushalt.

Monat Tag	Aus der Wirtschaft wurde an Naturalien dem Haushalt geliefert					Zahl der für die Woche beköstigten Personen		Bemerkungen
	Weizenmehl	Roggenmehl	Kartoffeln	Vollmilch	Butter	Herrschaft	Geschäftsgesinde	

Dort, wo in erster Linie der Garten zur Versorgung des Haushaltes dient, sind für seine Erzeugnisse, da das zu weit führen würde, keine besonderen Spalten einzurichten; in diesem Falle wird vielmehr der ganze Garten von der Haushaltung am besten gepachtet, indem ihr für denselben eine Pachtsumme, in welche die Arbeits= und Düngungskosten schätzungsweise mit einzurechnen sind, zur Last geschrieben wird. Diese Pachtsumme ist dementsprechend in die Naturalienrechnung mit aufzunehmen. In gleicher Weise kann man bei einer kleinen Geflügelhaltung verfahren, sofern dieselbe ihre Erzeugnisse ausschließlich dem Haushalte liefert. Durch dieses Verfahren wird diese Rechnung nicht unwesentlich vereinfacht.

Der Geldwert für die in Rede stehenden Naturalien ergiebt sich aus dem allgemeingiltigen Marktpreise derselben auf dem nächsten Markte, abzüglich der Verkaufsunkosten.

3. Die Inventarien=Rechnung.

Die Geld=Rechnung und die Naturalien=Rechnung für den Haushalt haben für die Ertragsberechnung eines landwirtschaftlichen Betriebes nachzuweisen, was dem Besitzer im Laufe des Rechnungsjahres aus demselben an Geld oder Geldeswert zu=

geflossen ist. Außerdem weist die Geldrechnung nach, was dem Besitzer am Schlusse des Jahres an barem Gelde abzuliefern ist. — Wie wir aber schon hervorgehoben haben, brauchen diese Beträge durchaus noch nicht den gesamten Ertrag der Wirtschaft darzustellen, denn es leuchtet ein, daß sich nicht nur das bare Geld vermehrt oder vermindert haben kann, sondern auch die Menge und der Wert der übrigen, zum Gute gehörenden Besitzteile. Eine Werts= vermehrung würde bedeuten, daß von den Geldeinnahmen auf die dem Gute übergebenen Besitzteile mehr aufgewendet wurde, als einer bloßen Erhaltung derselben auf dem ehemaligen Standpunkt, also einer bloßen Deckung der durch Verbrauch oder Abnutzung entstandenen Kosten, gleichkommt, oder aber, daß Vorräte, die vielleicht zum Verkauf bestimmt sind, noch auf dem Boden lagern. Eine Wertsverminderung würde bedeuten, daß die zur Deckung dieser Kosten notwendigen Ausgaben nur teilweise gemacht worden sind, oder vorhandene Vorräte des Vorjahres verkauft wurden, ohne daß ein genügender Ersatz stattgefunden hat. Im ersteren Falle ist an den Besitzer nicht der gesamte Ertrag in Form von Geld oder Naturalien abgeliefert, sondern ein Teil des Geldes dazu verwandt worden, die Besitzteile des Gutes zu vermehren und zu verbessern, bezw. es ist ihm bisher ein ihm noch zukommender Teil noch vorenthalten; im letzteren Falle sind die für den Betrieb nötigen Aufwendungen nicht völlig gedeckt, sondern es ist nur scheinbar ein so hoher Geld=Ertrag erzielt worden, wie ihn die Kasse aufweist; in Wirklichkeit ist nämlich ein Teil — bis zur vollkommenen Deckung der Wirtschaftsunkosten — in Abrechnung zu bringen.

Wenn z. B. am Schluß des Rechnungsjahres größere Vorräte an Getreide vorhanden sind als zu Beginn desselben, so kann da= durch, daß dieselben, obwohl vielleicht zum Verkauf bestimmt, thatsächlich noch nicht verkauft sind, der Ertrag der Wirtschaft im laufenden Jahre nicht beeinflußt werden. Das vorhandene Mehr muß vielmehr seinem Geldwerte nach dem übrigen Ertrage zu= gerechnet werden. Sind diese Vorräte geringer geworden, so muß das im Laufe des Jahres entstandene Weniger als nicht zum Ertrage gehörig, abgerechnet werden.

In gleicher Weise wie die Vorräte an Getreide, Futtermitteln u. s. w. können auch die übrigen zum Gute gehörenden Vermögens= teile am Schlusse des Jahres ein Mehr oder ein Weniger an Geldwert aufweisen. So kann z. B. der Viehstapel erweitert und verbessert und die Geräte und Maschinen vermehrt und ver= vollkommnet sein u. dergl. mehr; ebenso gut ist aber umgekehrt auch ein ungenügender Ersatz abgegangener Tiere, verbrauchter Geräte u. s. w. denkbar.

Ein Gleichbleiben des Wertes findet nur dann statt, wenn der Landwirt für die verschiedenen Besitzteile seines Gutes genau so viel zur Erhaltung ihres Wertes aufwendet, wie sie durch Altern, Gebrauch u. s. w. verlieren. Dieses Maß muß, vom Standpunkt eines rationellen Landwirtes aus betrachtet, zum mindesten auf= gewandt werden. Hat er dasselbe noch nicht erreicht, so muß er den Betrag vom Ertrage abschreiben, um mit diesem Abzug das Fehlende später zu bestreiten und das Verbrauchte zu ersetzen. Überschreitet er aber das Maß der Unterhaltung, so hat er der Wirtschaft einen Teil ihres Ertrages belassen, entweder um ihr denselben noch durch Verkauf von Vorräten zu entziehen oder aber, um ihr denselben als Vermehrung seines in dem Gute steckenden Besitzes zuzuwenden.

Jede Wertsvermehrung oder Wertsverminderung der zu einem Gute gehörenden Besitzteile muß daher dem Ertrage zu, bezw. von demselben abgerechnet werden. Zu dem Zweck ist es notwendig, daß die während des Jahres stattgehabten Wertsver= änderungen ermittelt werden. Es geschieht dies entweder durch einen Vergleich des Wertes am Anfang und Schluß des Rechnungsjahres oder aber durch thatsächliche Ermittelung des Wertsunterschiedes. Letzteres ist der Zweck, ersterer das Mittel zum Zweck, nicht umgekehrt. — Dort, wo wir den Wert nur schwer ermitteln können, für den Wertsunterschied, welcher eingetreten, da= gegen einen greifbaren Maßstab haben, ist es uns für die Ertrags= ermittelung gleichgiltig, wie hoch der Wert selbst ist.

Die Feststellung des Wertes der Bestände fällt der Bestands= aufnahme oder Inventur zu. Das Buch, welches ihr dient, heißt das „Inventarienverzeichnis". Es ist das letzte Buch, welches für eine landwirtschaftliche Buchführung, die sich nur die Aufgabe stellt, den ganzen Ertrag eines landwirtschaftlichen Betriebes zu ermitteln, notwendig ist.

In dem Inventarienverzeichnis werden alle zu einem Betriebe gehörigen Besitzteile in bestimmte Gruppen vereinigt, nach Art, Zahl, Menge, Gewicht u. s. w. und nach Geldwert am Anfang und Schluß eines jeden Rechnungsjahres aufgeführt. Der beste Zeitpunkt für die Vornahme der Inventur ist der Hochsommer, weil dann am wenigsten Vorräte vorhanden sind. Vom Vorjahre ist nur wenig mehr vorhanden und die Haupternte hat noch nicht begonnen. Für gewöhnlich ist um diese Zeit nur die erste Heu= und gegebenenfalls die Rapsernte eingebracht. Es empfiehlt sich daher diese Zeit überhaupt für den Beginn des neuen Rechnungsjahres. Um mit dem ersten eines Monats beginnen zu können, wählt man zweckmäßigerweise den Juli. Soll in erster Linie Rücksicht auf das Steuerjahr genommen werden, so ist der 1. April der gegebene Termin für den Beginn des Rechnungsjahres. Meistens fällt aber der 1. Juli in eine weniger arbeitsreiche Zeit als der 1. April.

Am wichtigsten ist natürlich die Inventur für alle diejenigen Teile, die nach Art oder Menge sehr veränderlich sind, da ja ihr Zweck eben darin besteht, alle diese im Laufe des Jahres stattgehabten Wertsveränderungen möglichst genau zu ermitteln. Diese Inventur muß sich auch auf den Bestand an barem Gelde, der sich aus der Kasse erweist, erstrecken, um die Übereinstimmung mit der Geldrechnung am Tage der Inventur festzustellen.

Die Vorräte an Getreide aller Art werden am besten mit einem Hohlmaß gemessen, dessen Durchschnittsgewicht man feststellt, um daraus sodann das Gesamtgewicht zu ermitteln. Bei großen Vorräten an ausgedroschenem Getreide, deren Menge und Gewicht nicht bekannt, kann man als Behelf statt Wägung die Haufen in eine rechtwinklige Form bringen und sodann jeden Haufen mit einer Stange oben so glatt machen, daß er überall gleich hoch liegt und die Böschungen nach allen Seiten gleich steil sind. Es ist das mit wenig Arbeit zu erreichen. Der Kubikinhalt eines solchen Haufens läßt sich dann nach seinen Maßen sehr leicht und mit ziemlicher Genauigkeit berechnen. Werden Vorräte kurz vor der Inventur aufgemessen und zu Boden gebracht, so empfiehlt es sich, dieselben besonders zu legen. Das von ihnen Fortgenommene wird alsdann, für jeden Haufen gesondert, auch dort angeschrieben, wo eine ausführliche Naturalien=Rechnung nicht geführt wird. Man braucht dann nur für die vorher vorhandenen Restbestände eine Messung vorzunehmen.

Auch größere Vorräte an Kunstdüngemitteln, Futtermehlen u. s. w. lassen sich nach ihrem Kubik=Inhalt der Menge nach leicht bestimmen; einige Probewägungen ergeben dann auch hier die Unterlagen für die Ermittelung des Gesamtgewichts.

Auch zur Berechnung der Menge von Stroh, Heu, anderen Rauhfuttermitteln und des Stalldüngers bietet der Kubik=Inhalt einen vorzüglichen Anhalt. Zur Ermittelung des Rauhfutters bedient man sich am besten des Meßbandes. Neben dem Maße muß hier nur auch die Festigkeit der Lagerung berücksichtigt werden und beim Stalldünger außerdem noch die Lagedauer. Anhaltspunkte für diese Berechnungen mögen die folgenden von Krämer*) aufgeführten Zahlen geben. Dieselben beziehen sich auf den festgelagerten Zustand.

Das Gewicht eines Kubikmeters beträgt rund:

Gutes Wiesenheu .	130—160 Pfd.	Wintergetreidestroh .	120—140 Pfd.
Geringes Wiesenheu	100—130 „	Sommergetreidestroh	100—120 „
Wiesengrummet . .	140—170 „	Erbsen=, Wicken= und	
Klee: Luzerne und		Linsenstroh . . .	90—110 „
Esperheu, ungeb.	150—180 „	Strohhäcksel	180—200 „
Dieselben, gebunden	170—200 „	Getreidespreu . . .	400—500 „

Für alle Heuarten im Dachraum ca. 30 % weniger:

Kartoffeln	1250—1430 Pfd.	
Runkelrüben, Kohlrüben, Mohrrüben	1335—1555 „	
Wasserrüben (Turnips)	1110—1250 „	
Dünger in frischem, strohigem Zustande . . .	1440 „	
„ „ halbverrottetem, mürben Zustande	1560 „	
„ „ verrottetem Zustande	1680 „	

*) Krämer, die Buchhaltung des Landwirts. Bonn 1881. Seite 12 und 13.

Hierbei ist jedoch zu bemerken, daß die Wichtigkeit der Vorrats=
Ermittelung eine verschiedene ist, je nachdem es sich um Vorräte
handelt, die Verkaufswaren darstellen, oder um solche, die in der
Wirtschaft selbst wieder verbraucht werden. Ein großer Vorrat
von Heu, Stroh, Dünger ist für eine Wirtschaft gewiß von Nutzen;
doch ist dabei nicht zu vergessen, daß der landwirtschaftliche Betrieb
seine Organisation im Hinblick auf den Durchschnitt einer Reihe
von Jahren erhält, nach welchem Durchschnitte sich z. B. der
Umfang des Viehstapels richtet u. s. w. Sehr große Vorräte an
Rauhfuttermitteln eines Jahres haben daher einen verhältnismäßig
geringeren Wert, während die kleineren Vorräte eines Jahres, in
dem eine geringere Ernte gemacht wurde, einen verhältnismäßig
hohen Geldwert haben. Auf die Ermittelung der Unterschiede im
Geldwerte kommt es aber bei der Inventur an. Dieselben sind
daher trotz der in den einzelnen Jahren schwankenden Mengen
gering, sofern der Landwirt nicht eine größere Stadt in der Nähe
hat, wo er einen Überschuß leicht absetzen kann. Auch hier stellt
sich die Sache meist so, daß in Jahren, wo viel Rauhfutter ge=
wachsen ist, ein allseitiger Überschuß den Preis alsbald so er=
heblich drückt, daß der Vorteil der Stadtnähe verschwindet.

Ähnlich steht es mit den Vorräten an Stalldünger. Da der
Umfang des Viehstapels in den einzelnen Jahren meist kein be=
sonders wechselnder ist und sein kann, so muß auch der Vorrat an
Stalldünger in den einzelnen Jahren ziemlich der gleiche sein. Ob
derselbe aber gerade einmal zum größeren oder geringeren Teil
ausgefahren ist, kann den Bestand der Wirtschaft im ganzen nicht
beeinflussen. Es würde hier sogar zu Irrtümern führen, wollte
man die verschiedenen gerade in der Dungstätte vorhandenen
Mengen bei der Inventur in Rechnung ziehen.

Man kann daher für eine Buchführung, die nicht sehr ein=
gehend ist, ohne großen Fehler von der gesonderten Aufnahme
derjenigen Naturalien, welche in der Wirtschaft regelmäßig erzeugt
und wieder verbraucht werden, ganz absehen.

Ebenso steht es dann natürlich auch mit den dem Acker zu=
geführten anderweitigen Düngemitteln. Auch die Menge dieser

wird sich in den einzelnen Jahren ziemlich gleich bleiben. Nur insofern dieselbe in einem Jahre dieses Durchschnittsmaß wirklich erheblich überschreitet, ist dafür dem Vorjahre gegenüber eine Vermehrung des Besitzstandes in Rechnung zu setzen. Bei einer eingehenden Buchführung ergiebt sich die Höhe derselben aus ihr selbst, bei einer sehr einfachen ist dieselbe nach den aufgewendeten Summen für Ankauf der Düngemittel zu schätzen.

Die Menge der Pflanzennährstoffe, die in einem Gute vorhanden, läßt sich nicht ermitteln; wohl aber hat die Erfahrung gelehrt, wie viel zur Erhaltung der bestehenden Fruchtbarkeit des Ackers an Düngemitteln ungefähr notwendig ist. Wird dieses Maß erheblich überschritten, so haben wir es mit Aufwendungen zu thun, die einer Besitzvermehrung gleichkommen und als solche für die Ertragsberechnung als kapitalisierter Ertrag in Rechnung gesetzt werden müssen. Den Bestand an Pflanzennährstoffen rechnen wir zum Werte des Grund und Bodens, diesem ist also auch die Wertserhöhung zuzurechnen. Im übrigen ist es aber für die Höhe des Ertrages gleichgiltig, mit welchem Werte dieser oder jener auf die Nährstoffe entfallende Anteil bei der Inventur eingesetzt wird. Es wird hierdurch nur der Zinsfuß beeinflußt, mit dem sich der für den Boden angenommene Wert verzinst. —

Der Geldwert der vorrätigen, gekauften, oder zum Verkauf bestimmten Naturalien wird nach dem für dieselben gezahlten oder nach dem durchschnittlichen Marktpreise bestimmt. Derselbe darf dabei jedoch nicht unmittelbar in die Rechnung eingesetzt werden, sondern es sind bei den zum Verkauf bestimmten Naturalien vorerst die Unkosten in Abrechnung zu bringen, die der Verkauf mit sich bringt; bei den gekauften dagegen dem eigentlichen Kaufpreise nach die Unkosten des Bezuges hinzuzuschlagen. Es wird dies zwar nicht überall genau möglich sein, wohl aber doch so weit, als die Rechnung es erfordert. Man mache es sich überhaupt zur Regel, stets nur Loco-Hof-Geldwerte in Rechnung zu stellen. Es kommen hierbei ja vornehmlich die Transportkosten (Verfrachtungskosten) in betracht. Einen Anhalt für die Höhe derselben geben sehr häufig die Preisunterschiede zwischen einem näher oder entfernter liegenden Ablieferungsorte, sofern ersterer nicht als Marktort zu bezeichnen ist.

Die Hauptsache ist, wie überall bei der Inventur, auch hier, daß stets nach den gleichen Grundsätzen verfahren wird, daß nicht etwa in diesem Jahre diese, im kommenden Jahre andere Fracht= sätze angenommen werden, sofern nicht wirklich große Umgestaltungen bezüglich der Verkehrsmittel stattgefunden haben.

Der Bestand an Vieh (lebendes Inventar) ist nach Gattung und Nutzung in Gruppen aufzuführen. Beim Großvieh muß wenn nicht ein besonderes Viehregister (siehe dieses) geführt wird, jedes einzelne Tier unter Angabe seines Alters, Geschlechtes und seiner Kennzeichen in der Inventur aufgeführt werden. Beim Kleinvieh kann dagegen oft eine summarische Angabe der Stückzahl und des gesamten Gewichts, mitunter auch wohl nur der ersteren, genügen. Für das Mastvieh, die Zugochsen und Schweine kann man das Lebendgewicht als ausschließlichen Wertmaßstab benutzen; bei der Aufnahme des Milchviehes kann dasselbe neben Alter und Milchleistung wertvolle Hilfe leisten. Bei den Schafen kann man neben der Stückzahl für die einzelnen Altersklassen (vielleicht auch Rassen) das Gesamtgewicht feststellen.

Die Pferde werden bei der erstmaligen Inventur einzeln ein= geschätzt. In den kommenden Jahren wird dann von diesem ge= schätzten Werte ein Tilgungsbetrag abgerechnet. Im Durchschnitt der Verhältnisse ist ein ausgewachsenes Pferd von 4 bis 5 Jahren in etwa 10 Jahren verbraucht, von dem Werte, den es in diesem Alter hat, sind demnach jährlich 10 % abzurechnen. Der gleiche Geldbetrag (nicht die gleichen Prozente des Wertes) kann auch bei älteren Tieren als Anhalt für die von dem jeweiligen Taxwerte derselben abzurechnende Tilgungsrente dienen. Bei noch nicht aus= gewachsenen Tieren ist natürlich die im Rechnungsjahr stattgehabte Wertzunahme hinzuzurechnen.

Das sog. tote Inventar, die Geräte und Maschinen, werden zweckmäßigerweise in zwei Hauptabteilungen gebracht. Alles das, was durch alljährlich wiederkehrende Ausbesserung und durch Zukauf dauernd in gleichem Stande erhalten wird, ohne daß in einem Rechnungsjahre ein gänzlicher Verbrauch großer Teile

verzeichnet werden muß, wird zu der ersten Abteilung, der „Wirt=
schaftsgeräte", gestellt und je nach der Verwendung in Hausgeräte,
Ackergeräte und Geschirr für die Zugtiere, Geräte für das Nutz=
vieh u. s. w. unterschieden. In der Regel wird der Wert der
Wirtschaftsgeräte am Schlusse des Jahres mindestens ebenso hoch
sein, wie er am Anfang desselben war.

In der zweiten Abteilung werden dagegen alle größeren
Maschinen aufgeführt, welche nur in geringerer Anzahl vorhanden
sind, von denen nicht alljährlich einige verbraucht und ersetzt
werden, die infolgedessen mit der Zeit, wenn sie stärker abgenutzt
sind, größere Aufwendungen auf einmal erforderlich machen.
Während sich bei den Geräten die Unterhaltungskosten auf die
einzelnen Jahre ziemlich gleichmäßig verteilen lassen, ist dies bei
den zuletzt genannten größeren Maschinen nicht der Fall. Hier
muß daher die Abnutzung eines jeden Rechnungsjahres durch eine
Abschreibung vom Werte zum Ausdruck gebracht werden, deren
Betrag theoretisch zur Ansammlung einer Hinterlage dient, welche
nach gänzlichem Verbrauch die Neuanschaffung deckt. Die Höhe
dieses jährlichen Tilgungsbetrages richtet sich nach der voraus=
sichtlichen Dauer der Maschinen und beträgt bei zwanzigjähriger
Dauer 5 %, bei zehnjähriger 10 % und bei kürzerer Dauer 15 %
und mehr.

Den Maschinen sehr ähnlich sind die Gebäude; auch diese ver=
brauchen sich trotz gelegentlicher Ausbesserungen mit der Zeit voll=
ständig, nur ist hier der Zeitraum beträchtlich länger, wenn auch
je nach Bauart und Nutzung verschieden.

Für den Geldwert der Gebäude bieten dort (wo die Bau=
kosten für die betreffenden Gebäude selbst nicht bekannt sind) die
den örtlichen Verhältnissen entsprechenden durchschnittlichen Bau=
kosten von Gebäuden gleicher Art und Größe einen vorzüglichen
Anhalt. Als im großen und ganzen zutreffend kann folgende
Tabelle angesehen werden, welche auch für die Veranlagung der
Ergänzungssteuer von der Regierung benutzt wird:*)

---

*) F. W. Gauß: Die Ergänzungssteuer in Preußen. Berlin 1894,
bei C. Heymann.

	W (Neubauwert)	D (Dauer)	U (Unterhaltungskosten)
A. Kellergeschosse.			
1. Balkendecke mit Wellerung, unbewohnbar . .	4,5 6,0 7,5*)		
bewohnbar . .	8,0 9,5 11,0		
2. Massiv überwölbt in (Gurtbogen, Kappen oder dergl.			
unbewohnbar	6,5 8,0 10,0		
bewohnbar	9,0 10,5 12,0		
B. Unter- und Obergeschosse.			
I. Wohngebäude.			
a) Massiv aus Steinen (Bauklasse 1—5):			
1. Für Landleute, Arbeiter o. dergl. m.			
Geschoß: 1. 2. 3. 4.			
Höhe: 3,0 3,0 2,8 2,8 m.			
Gewöhnlich	7,0 8,0 9,0	100—200	1,2
in besserer Ausführung	10,0 11,0 12,0		
2. Einfache andere Wohngebäude in kleinen Städten und auf dem Lande, Hintergebäude in großen Städten			

*) Nähere Erläuterung folgt nachstehend.

	W (Neubauwert)			D (Dauer)	U (Unterhaltungskosten)

Geschoß: 1. 2. 3. 4. 5.
Höhe: 3,5 3,5 3,5 3,0 3,0 m.

	W (Neubauwert)			D (Dauer)	U (Unterhaltungskosten)
Gewöhnlich	9,0	10,0	11,0		
in besserer Ausführung	12,0	13,0	14,0	100—200	1,0
in gediegenster Ausführung . .	15,0	16,0	17,0		

3. Bessere städtische Wohngebäude, Villen ꝛc.

Geschoß: 1. 2. 3. 4. 5.
Höhe: 4,0 4,0 3,5 3,5 3,0 m.

	W (Neubauwert)			D (Dauer)	U (Unterhaltungskosten)
Gewöhnlich	11,0	12,0	13,0		
in besserer Ausführung	14,0	15,0	16,0	100—200	0,75
in gediegenster Ausführung . .	17,0	18,0	19,0		

4. und 5. von feinem Interesse für uns.

b) Fachwerksgebäude (Bauklasse 6—8):

6. Für Landleute, Arbeiter u. dergl. m.

Geschoß: 1. 2. 3. 4.
Höhe: 3,0 3,0 2,8 2,8 m.

	W (Neubauwert)		D (Dauer)	U (Unterhaltungskosten)
In Nadelholz mit Lehmfachwerk	3,0	3,5 4,0		
„ „ „ Mauerfachwerk	4,0	4,5 5,0	80—120	1,2

	W (Neubauwert)			D (Dauer)	U (Unterhaltungskosten)
In Eichenholz mit Lehmfachwerk	4,0	4,5	5,0		
" " Mauerfachwerk	6,0	7,0	8,0	100—150	1,2
" " verzierter Ausführung bis	8,0	9,0	10,0		
7. Bessere Wohngebäude und kleine Villen in Stadt und Land					
Geschoß: 1. 2. 3. 4. 5.					
Höhe: 3,5 3,5 3,5 3,0 3,0 m.					
In Nadelholz mit Lehmfachwerk	4,5	5,0	5,5		
" " Mauerfachwerk	5,5	6,0	6,5	80—120	1,0
" Eichenholz " Lehmfachwerk	6,0	6,5	7,0		
" " Mauerfachwerk	7,5	8,5	9,5	100—150	1,0
" " verzierter Ausführung bis	9,0	10,0	11,0		
8. Von keinem Interesse für uns.					
II. Stallgebäude.					
(Geschoßhöhe etwa 3—4 m.)					
a) Massiv aus Steinen:					
Gewöhnlich	6,0	7,0	8,0		
in besserer Ausführung	8,0	9,0	10,0	100—150	1,0 0,7
in gebiegenster Ausführung	12,0	14,0	16,0		

	W (Neubauwert)			D (Dauer)	U (Unterhaltungskosten)	
b) In Fachwerk:						
In Nadelholz mit Lehmfachwerk	2,5	3,0	3,5	70—110	1,0	
„ „ „ Mauerfachwerk	3,5	4,0	4,5			
„ Eichenholz „ Lehmfachwerk	3,5	4,0	4,5			
„ „ „ Mauerfachwerk	5,5	6,5	7,5	80—120	1,0	
„ „ „ verzierter Ausführung bis	7,0	8,0	9,0			
III. Scheunen, Tennen (Dielen), Wagen- und Lagerräume, geschlossene Schuppen und andere Gebäude ohne inneren Ausbau. (Geschoßhöhe etwa 4 m.)						
a) Massiv aus Steinen:						
Gewöhnlich	6,0	7,0	8,0	100—150	1,0	0,7
in besserer Ausführung bis	8,0	9,0	10,0			
b) In Fachwerk:						
In Nadelholz mit Lehmfachwerk	2,0	2,5	3,0	80—120	1,0	
„ „ „ Mauerfachwerk	3,0	3,5	4,0			
„ Eichenholz „ Lehmfachwerk	3,0	3,5	4,0			
„ „ „ Mauerfachwerk	4,5	5,0	5,5	100—150	1,0	
„ „ „ verzierter Ausführung bis	6,0	7,0	8,0			

	W (Neubauwert)			D (Dauer)	U (Unterhaltungskosten)
IV. Werkstätten, Fabrikgebäude, Brennereien, Brauereien u. dergl. m. (Geschoßhöhe etwa 3—4—5 m.)					
a) Massiv aus Steinen:					
Gewöhnlich . . .	7,0	8,0	9,0	100—150	1,0
in besserer Ausführung bis . . .	9,0	10,0	11,0		0,7
b) In Fachwerk:					
In Nadelholz mit Lehmfachwerk.	3,0	3,5	4,0	70-110	1,5
„ „ „ Mauerfachwerk	4,0	4,5	5,0		
„ Eichenholz „ Lehmfachwerk	4,5	5,0	5,5	80-120	1,5
„ „ „ Mauerfachwerk	6,0	7,0	8,0		
„ verzierter Ausführung bis	8,0	9,0	10,0		
C. Dachgeschosse.					
Mit Dach aus Stroh oder Rohr . . .	3,0	4,5	6,0		
„ „ „ Ziegeln oder Asphaltpappe .	4,0	5,5	7,0		
„ „ „ Schiefer oder Holzzement .	6,0	7,5	9,0		
„ „ „ Zink .	7,0	8,5	10,0		
„ „ „ Wellblech .	10,0	12,0	14,0		

Für bewohnbare Räume im Dachgeschosse kommen noch 2,0, 2,5, 3,0 Mk. für das Kubikmeter dieser Räume, und für Mansardendächer kommt noch etwa 1 Mk. für das Kubikmeter des ganzen Dachraumes je besonders in Ansatz.

Erläuterungen.

Es bezeichnet:

W den Neubauwert (in Mark): für das Kubikmeter des umbauten Raumes (des Blockinhaltes einschl. der Wände) ohne den Grund und Boden.

D die Dauer des Gebäudes (in Jahren): den Zeitraum nach dessen Ablaufe seit dem Neubau, trotz regelrechter Instandhaltung, das Gebäude nicht mehr unterhaltungsfähig ist.

U die jährlichen, durchschnittlich notwendigen Unterhaltungs= kosten, ausgedrückt in Hundertteilen des Neubauwertes.

Von den drei Wertangaben unter W bezieht sich die erste auf mittelmäßige, die zweite auf gute, die dritte auf sehr gute Bauaus= führung und Instandhaltung.

Die Tafelsätze unter W, D, U sind mit Benutzung der An= gaben in: F. W. Roß „Leitfaden für die Ermittelung des Bau= wertes von Gebäuden" (Hannover 1888 bei Schmorl & von Seefeld) und „Deutscher Baukalender" 1893 (Berlin, bei C. Toeche) für die Veranlagung zur Ergänzungssteuer zusammengestellt. Sie bringen mittlere Verhältnisse zur Anschauung und sind zu erhöhen oder zu ermäßigen je nach den Umständen des einzelnen Falles und je nach den Preis= oder sonstigen Verhältnissen der Stadt und Gegend. Bei genaueren Schätzungen wird der Blockinhalt der einzelnen unter W verschieden bewerteten Gebäudeteile (in Kubikmetern) nach Abmessungen am Gebäude oder an Bauplänen ermittelt und unter Anwendung der betreffenden Wertsätze W der gesamte Neu= bauwert (ohne Grund und Boden) gefunden.

Beispiel. Das einem kleinen Landwirte gehörende Fachwerk= gebäude (Nadelholz mit Mauerfachwerk), mittelmäßig gebaut und unterhalten, ohne Keller, mit einer Baufläche von $10 \times 19 = 190$ qm, mit einem Geschosse von 3,1 m Höhe und mit einem zweiseitigen

Strohdach von 5 m Höhe (vom Dachboden bis zum First), enthalte an Wohnräumen 84 qm, an Stall= und anderen, dem Landwirt=schaftsbetriebe dienenden Räume 106 qm.

Dann ergiebt sich an Neubauwert:

Für die Wohnräume (Bauklasse B I Nr. 6) $84 \times 3{,}1 \times 4{,}0$ . . . = 1042 Mk.

" " Stallräume ꝛc. (B II b und B III b)

$$106 \times 3{,}1 \times \frac{3{,}5 + 3{,}0}{2} \quad . \quad . \quad . \quad . \quad . \quad . \quad . \quad = 1068 \text{ "}$$

für das Dachgeschoß (C) $\dfrac{190 \times 5 \times 3{,}0}{2}$ . . . . = 1425 "

Summa 3535 Mk.

Bei überschlägigen Schätzungen, bei denen nur der Quadrat=inhalt der Baufläche, aber keine genauere Angabe über die Höhen gegeben ist, kann summarischer verfahren werden. In diesem Falle wird man aus den in der Tafel unter Abteilung B angegebenen genäherten Geschoßhöhen die ungefähre Gesamthöhe der Geschosse bilden und hierzu

a) beim Vorhandensein von Keller und Dachgeschoß die ganze Höhe des ersten Geschosses (Erdgeschosses) nochmals hinzurechnen,

b) wenn kein Keller vorhanden ist, für das Dachgeschoß und die Fundamente zwei Drittel der Höhe des ersten Ge=schosses in Ansatz bringen können.

Hieraus und aus der Baufläche wird sich der ungefähre Block=inhalt des ganzen Gebäudes und endlich durch Anwendung des entsprechenden Wertsatzes W aus Abteilung B der Tafel der Neu=bauwert berechnen lassen.

Die Tafelangaben über die Geschoßhöhen schließen die Balken=lage mit ein. Sie werden für gewöhnliche Fälle bis auf etwa 0,5 m zutreffen. Größere Abweichungen werden bei Anwendung der Tafel schon nach dem Augenmaße zu erkennen sein und schätzungs=weise in Rechnung gezogen werden können.

Aus diesem ursprünglichen oder Neubauwerte der Gebäude wird der jetzige oder derzeitige Wert ermittelt, indem sowohl die gesamte Dauer derselben als auch die davon bereits verstrichene

Zeit, also das bisherige Alter in Betracht gezogen wird. Die ge=
samte Dauer (D) ist in der Tafel mit roher Annäherung angegeben.
Dieselbe wird aber je nach Klima, Bodenverhältnissen u. dergl.
sehr verschieden sein, weshalb die in Rede stehenden Zahlen nur
als Anhalt dienen können. Dividiert man die gesamte voraussichtliche
Dauer, d. h. die Anzahl der Jahre, die ein Gebäude trotz Reparatur
seinem Nutzungszweck voraussichtlich genügen wird, in den Neubau=
wert desselben, so erhält man die durchschnittliche, auf jedes Jahr
entfallende Abnutzung. Das bisherige Alter, also die Zeit seit
Errichtung des Gebäudes, sagt uns alsdann, wieviel das Gebäude
bereits abgenutzt sein muß, so daß wir also nur die jährliche Ab=
nutzung mit der Zahl der Jahre, die das Gebäude bereits genutzt
ist, zu multiplizieren und den so gefundenen Betrag vom Neubauwert
abzuziehen brauchen, um den Jetztwert desselben zu erhalten. Von
diesem ist dann wieder der jährliche Abnutzungsbetrag abzurechnen,
um immer wieder den Jetztwert am Schlusse eines Rechnungsjahres
zu finden. Es kann zwar zweifelhaft erscheinen, ob man den Til=
gungsbetrag nicht derart bemessen müßte, daß derselbe, zinstragend
angelegt, zur Zeit der völligen Abnutzung des Gebäudes eine Neu=
errichtung desselben ermöglichte. Allein eine solche Rechnung würde
den thatsächlichen praktischen Verhältnissen nicht entsprechen, weshalb
sie für die Ertragsberechnungen nicht in Anwendung kommen
sollte.*)

Zu den Baulichkeiten sind auch die zu einem Gute gehörenden
Plankenzäune, Staketenzäune, Brücken, Drainagen u. s. w. zu
rechnen, deren jährliche Abnutzung im allgemeinen auf 6—7, 5 und
3—5% vom Neubauwert zu berechnen ist.

Der Wert des Grund und Bodens wird durch seinen in einer
Reihe von Jahren ermittelten Ertrag bestimmt. Erst für die
einzelnen Jahre wieder soll derselbe aber eben durch die Buch=

---

* S. hierüber: „Dünkelberg: landwirtschaftliche Betriebslehre § 157“,
„Krämer: Die Grundlagen und Einrichtungen des landwirtsch. Betriebes“,
in „von der Goltz: Handbuch“, Bd. I, S. 187, „von der Goltz: Betriebs=
lehre“, S. 118 ff., von Seelhorst: die Belastung der Grundrente durch
das Gebäudekapital in der Landwirtschaft. Jena 1890.

führung ermittelt werden, damit daraus ein durchschnittlicher Ertrag und aus diesem ein durchschnittlicher Geldwert des Grund und Bodens unter Zugrundelegung eines landesüblichen Zinsfußes festgestellt werden kann. Auch wird dieser so ermittelte Ertragswert zunächst nur volle Giltigkeit für die vergangenen Zeiten haben und sich mit den Preisen der Erzeugnisse, mit dem Wechsel des Zinsfußes u. dergl. mehr wieder ändern.

Trotzdem aber läßt sich einstweilen ein Wert für den Grund und Boden, und zwar ein dauernd gleichbleibender, in die Rechnung einsetzen. Die Schwankungen des Ertrages kommen dann allerdings nicht in diesem Bodenwerte, sondern bei der Höhe des Zinsfußes, mit dem sich der angenommene Geldwert verzinst hat, zum Ausdruck, was jedoch für die Klarstellung des Schlußergebnisses, wie für die absolute Höhe des Ertrages belanglos ist. Ebenso ist es für diese beiden Umstände belanglos, ob der angenommene Wert höher oder niedriger gewählt wird, denn auch hierdurch wird nur die Höhe des Zinsfußes beeinflußt, mit dem sich das Bodenkapital in einem bestimmten Jahre verzinst.

Das Einsetzen eines solchen gleichbleibenden Wertes für den Grund und Boden in die Inventur bietet den Vorteil, daß man in der Rechnung einen Wertbestand hat, zu dem einerseits hinzukommende Ackerstücke u. a. nach ihrem Kaufpreise hinzugerechnet werden können und von dem andererseits verkaufte Grundstücke nach dem erzielten Erlöse in Abzug gebracht werden müssen. Besonders aufmerksam sei hier jedoch darauf gemacht, daß das preußische Ergänzungssteuergesetz es nicht gestattet, den Ertragswert von Vermögensteilen in Rechnung zu setzen, wenn derselbe vom landläufigen Kaufpreise abweicht, daß es bei der Vermögenserklärung vielmehr den letzteren verlangt.

Die Hauptsache bei der ganzen Inventur ist, daß dieselbe stets nach gleichbleibenden Grundsätzen ausgeführt wird, denn nur so kann sie ihren Zweck, die Veränderungen im Besitzstande möglichst genau zu ermitteln, erreichen. Schwierigkeiten macht dieselbe bei der ersten Aufnahme, in den kommenden Jahren fallen dort, wo Tilgungsbeträge abzurechnen sind, die Aufnahmen größtenteils fort,

und auch die Aufzeichnungen beschränken sich alsdann auf eine
Eintragung der Wertziffern.

Zur Erleichterung der Inventur trägt es besonders bei, wenn
in das Inventarien=Verzeichnis (sofern und soweit nicht be=
sondere Rechnungen über einzelne Gruppen des Inventars geführt
werden) alle Zugänge und Abgänge nach Stückzahl und Geldwert
sofort eingetragen werden.

Namentlich in kleineren Betrieben mit einer sehr einfachen
Buchführung ist dies empfehlenswert. Man bedient sich alsdann
des nachstehenden Formulars für die Bestandsaufnahme:

Laufende Nr.	Bezeichnung des Gegenstandes	Stück- zahl	Am 1. Juli 18					u. s. w.
			Geldwert Mk. Pf.	Zugang		Abgang		
				Stück- zahl	Geldwert Mk. Pf.	Stück- zahl	Geldwert Mk. Pf.	

Wo die Zugänge und Abgänge nicht sofort in das Inven=
tarien=Verzeichnis eingetragen werden sollen, kann das Formular
einfacher sein. Es empfiehlt sich für dasselbe alsdann die nach=
stehende Einrichtung:

Laufende Nr.	Bezeichnung des Gegenstandes	Anzahl u. s. w.	Wert der Gegenstände	
			1. Juli 1896 Mk. Pf.	u. s. w.

Im Falle, den einzelnen Gesindepersonen diejenigen Gerät=
schaften, mit denen sie arbeiten, verantwortlich übergeben werden

(am besten mit einem schriftlichen Verzeichnis), so erleichtert dies
die Bestandsaufnahme, ferner wenn dieselben verpflichtet werden,
die Überreste verbrauchter Gegenstände abzuliefern u. dergl. m.

Der Nachweis des steuerpflichtigen Einkommens und die Jahresschluß=Rechnung.

Die landwirtschaftliche Buchführung hat es in erster Reihe
mit einem wirtschaftlichen Organismus, dem Landgute, zu thun,
also mit einer Anzahl sachlicher Güter, welche unter dem Gesichts=
punkte der Hervorbringung landwirtschaftlicher Erzeugnisse wie die
Räder eines Uhrwerkes zu einem zusammengehörigen Ganzen
vereint sind. Für dieses sachliche Ganze soll sie den Ertrag fest=
stellen, den dasselbe bringt, ganz unabhängig davon, wem dieser
Ertrag zufällt, d. h. wessen Einkommen derselbe darstellt. Im
Gegensatze hierzu haben wir es bei dem Nachweise des Ein=
kommens stets mit einer Person zu thun, für die festgestellt werden
soll, was ihr aus dem Ertrage sachlicher Güter und aus Arbeits=
leistung an Geldwert zufließt. Bei dem Nachweise des Einkommens
des Landwirtes legen wir uns daher die Frage vor: Was fällt
dem Besitzer persönlich von dem Ertrage seines Gutes und für
Dienstleistungen zu? — Es ist klar, daß hierzu der Ertrag des
Gutes selbst zunächst bekannt sein muß, daß aber auch, sobald dies
der Fall, die weitere Rechnung sehr einfach sein muß, denn die Ver=
gütung für Dienstleistungen sind uns in der Regel ohne weiteres
bekannt.

Unter den Erträgnissen sachlicher Güter, die dem Landwirte
als Einkommen zufallen, spielt das Landgut, das sein Eigentum
oder von ihm gepachtet ist, die wichtigste Rolle. Es fällt ihm der
Ertrag desselben zunächst seinem ganzen Umfange nach zu und
stellt sein Einkommen aus Grundvermögen dar, auch dann, wenn
er gezwungen ist, von diesem Ertrage einen Teil als Schuldzinsen
oder Pachtpreis abzutreten. Sofern er auch Leiter seines Betriebes ist,
leistet ihm sein Gut außerdem eine Vergütung für diese Thätigkeit,
welche zwar nicht zu dem Ertrage des Gutes, wohl aber zu dem
Einkommen des Besitzers gehört. Da ihm aber dieses Einkommen

thatsächlich ebenfalls aus seinem Grundvermögen zufließt, so rechnet die Steuergesetzgebung dasselbe mit zu dem Einkommen aus Grundvermögen, was auch durchaus praktisch ist, obgleich es rein theoretisch betrachtet ja ein Einkommen aus gewinnbringender Beschäftigung darstellt.

Ist uns der Ertrag eines Gutes bekannt, so brauchen wir zu demselben also nur die Vergütung hinzuzurechnen, die dem Land= wirt als Leiter seines Betriebes zufällt, um sein gesamtes Ein= kommen aus Grundvermögen in steuerlichem Sinne zu erhalten.

Aus dem in den vorausgegangenen Abschnitten Gesagten geht hervor, daß zur Ermittelung des Ertrages eines Gutes zunächst festgestellt werden muß, was die Wirtschaft dem Besitzer im Laufe eines Rechnungsjahres im ganzen an barem Gelde, an geldwerten Naturalien und geldwerten Leistungen geliefert hat, ferner, was die zu derselben gehörenden Besitzteile selbst etwa an Geldwert zu= oder abgenommen haben. Hatten wir dem Abgelieferten eine Geldwertszunahme dieser Besitzteile hinzu= bezw. eine Verminderung abgerechnet, so stellte das Ergebnis den Ertrag der Wirtschaft zuzüglich Vergütung für die Wirtschaftsleitung dar, sofern der Besitzer selbst dieselbe ausgeübt hatte. Um den Ertrag der Wirtschaft zu erhalten, mußten wir diese letztgenannte Vergütung in Abrechnung bringen. Um dagegen das Einkommen des Landwirtes aus Grundvermögen zu erhalten, brauchen wir diesen Abzug nur zu unterlassen, denn Wirtschaftsertrag zuzüglich Vergütung für die Wirtschaftsleitung sind, nach der oben gegebenen Erklärung, das Einkommen aus Grundvermögen in steuerlichem Sinne.

Im Kassenbuche wurden aus den gesamten baren Ausgaben und Einnahmen die baren Wirtschaftsausgaben und Wirtschafts= einnahmen gesondert festgestellt, indem alles Private ausgeschieden und in Abzug gebracht wurde. Der Überschuß der Wirtschafts= einnahmen über die Ausgaben stellte dann die Summe dessen dar, was die Wirtschaft an barem Gelde gebracht. Die Naturalien= rechnung zeigte, was die Wirtschaft weiter an Naturalien und Leistungen dem Besitzer übergeben, und die Inventarienrechnung wies nach, was er von den Einnahmen der Wirtſchaft außerdem etwa zur Vermehrung ſeines Beſißſtandes verwendet hatte, bezw. was noch zu verwenden iſt, um den Beſißſtand auf der am Anfang des Wirtſchaftsjahres innegehabten Höhe zu erhalten.

Was im landwirtſchaftlichen Sinne für die Ertragsermittelung als Wirtſchaftskoſten galt, gilt auch im ſteuerlichen Sinne als ſolche. Hiervon beſteht nur eine Ausnahme dort, wo die Grund- und Gebäudeſteuer als Kommunalabgabe erhoben wird. Dieſe iſt im landwirtſchaftlichen Sinne als Wirtſchaftsaufwand zu betrachten, gilt aber im ſteuerlichen Sinne als eine private Ausgabe des Beſißers. Es muß dieſelbe daher, wo ſie für die Ertragsberechnung als Wirtſchaftsaufwand abgerechnet wurde, für die Einkommens- erkärung dem Einkommen aus Grundvermögen wieder zugerechnet werden.

Außer dem Einkommen aus Grundvermögen kann dem Land- wirte aber auch noch anderweitiges Einkommen zufließen und das erſtere vermehren. Er kann Kapitalforderungen an andere haben, die ihm Zinſen tragen und infolgedeſſen dem Einkommen zuzu- rechnen ſind. Er kann weiter Gewerbebetriebe beſißen, die ihm ein Einkommen gewähren. Der Ertrag derſelben ergiebt ſich bei größerem derartigem Betriebe aus einer geſonderten kaufmänniſchen Buchführung, die zu beſprechen hier nicht der Ort iſt. Kleine gewerbliche Betriebe, die mit einem landwirtſchaftlichen Betriebe verbunden ſind, werden dagegen von leßterem nicht getrennt, und das ſich aus denſelben ergebende Einkommen demgemäß mit zum Einkommen aus Grundvermögen gerechnet. Schließlich kann der Landwirt Vergütungen für Verwaltung von Ämtern, z. B. als Amtsvorſteher, und für einzelne Dienſtleiſtungen, z. B. als Taxator für Hagelſchäden u. dergl., beziehen. Dieſe ſtellen ſein Einkommen aus gewinnbringender Beſchäftigung im ſteuerlichen Sinne dar.

Da dieſe Einkommensbeträge in Form von baren Einnahmen eingehen, ſo müſſen dieſelben im Kaſſenbuch verzeichnet und als „private Einnahmen" ausgeworfen werden. Die Summe der dieſerart verzeichneten Beträge zuzüglich der Summe der ermittelten reinen Einnahmen aus der Wirtſchaft ſtellen die Geſamteinnahme

des Besitzers dar. Da aber das Steuergesetz verlangt, daß Ein=
kommen aus Kapitalvermögen und aus gewinnbringender Be=
schäftigung ihren Beträgen nach gesondert aufgeführt werden, so
ist es notwendig, die privaten Einnahmen in diese Titel zu
zerlegen. Es kann das jedoch keine Schwierigkeiten bereiten, da
die aus Kapitalvermögen dem Landwirte etwa zufließenden Zinsen
ihm nach ihrem Umfang, mindestens aber nach der Zeit ihres
Einganges bekannt sind. —

Es muß weiter erwähnt werden, daß man sich bezüglich der
privaten Einnahmen auch die Frage vorzulegen hat, ob im Laufe
des Jahres etwa Erbschaften gemacht worden sind, oder ob Aus=
zahlungen von Lebensversicherungs=Gesellschaften oder Schenkungen,
Lotteriegewinne, stattgehabt haben. Derartige Einnahmen sind
kein Einkommen im steuerlichen Sinne, sondern Kapitalbeträge,
welche eine Vermehrung des Stammvermögens darstellen und
nur das Einkommen in der Folgezeit vermehren. Sie sind
daher bei der Versteuerung den sonstigen privaten Einnahmen
nicht zuzurechnen.

Die Beträge der Spalte der privaten Ausgaben zeigt uns, wieviel
von den gemachten Einnahmen und für welche privaten Zwecke dieselben
verwandt worden sind. Es hat das im allgemeinen mit der Steuer=
erklärung nichts zu thun, denn es ist für die Steuerpflicht gleich=
giltig, was jemand mit seinen Einnahmen macht. Allein es finden
sich unter diesen Ausgaben meistens auch solche, welche Zinsen von
Schuldkapitalien darstellen. Diese Beträge sind, wie erörtert, von
dem gesamten Einkommen in Abzug zu bringen, denn sie mindern
dasselbe gerade so gut, wie die Zinsen von aktiven Kapitalien es
mehren.

Ebenso steht es bei gepachteten Grundstücken mit dem Pacht=
zins, der ebenfalls eine private Ausgabe ist, die mit dem Ertrage
eines Gutes ebensowenig etwas zu thun hat, wie die Zinsen der
Hypotheken. Wohl aber mindert der Pachtzins das Einkommen
des Pächters und muß deshalb von demselben abgerechnet werden.

Dasselbe gilt von anderweitigen dauernden Lasten, die, sei
es dem Besitzer, sei es dem Pächter obliegen, wie z. B. Altenteile

u. dergl. Damit dieſelben jedoch abgerechnet werden dürfen, müſſen ſie auf beſonderen Rechtstiteln beruhen.

Ferner geſtattet die Steuergeſetzgebung den Steuerpflichtigen, die für ihre Perſon geſetz= oder vertragsmäßig zu entrichtenden Beiträge zu Kranken=, Unfall=, Alters= und Invalidenverſicherungs=, Waiſen= und Penſionskaſſen als nicht ſteuerpflichtig vom Einkommen abzuſetzen; desgleichen Verſicherungsprämien, welche für Verſicherung des Steuerpflichtigen auf den Todes= oder Erlebensfall gezahlt werden, ſoweit dieſelben den Betrag von 600 Mk. jährlich nicht überſteigen.

Weſentlich iſt ſchließlich noch, daß nicht das für ein Jahr immer ermittelte Einkommen zur Beſteuerung herangezogen wird, ſondern daß vielmehr als Einkommen aus Grundvermögen ſtets der Durchſchnitt der letzten drei Jahre zu verſteuern iſt. Das Gleiche gilt für ſchwankende Einkommen aus Kapitalvermögen und gewinnbringender Beſchäftigung. Für feſtſtehende Kapitaleinlagen iſt dagegen der zu erwartende Zinsbetrag für das kommende (bezw. begonnene) Rechnungsjahr anzugeben.

Der Überſicht halber laſſen wir den Gang der Ertragsberech= nung und des Nachweiſes des ſteuerpflichtigen Einkommens, wie er ſich aus unſeren bisherigen Betrachtungen ergiebt, in 8 Punkte zuſammengefaßt, nochmals folgen.

1. Zunächſt iſt am Jahresſchluß der Anteil feſtzuſtellen, welcher von den gemeinſamen Aufwendungen für Herr= ſchaft und Geſinde auf jeden Teil geſondert entfällt; und zwar muß dies ſowohl für die baren als auch für die naturalen Aufwendungen geſchehen.

2. Der auf die Herrſchaft entfallende Anteil der baren Aus= gaben iſt den übrigen, unter Privat im Kaſſenbuche ver= zeichneten baren Ausgaben hinzuzurechnen.

3. Alle privaten Einnahmen ſind von der Geſamt=Einnahme abzuziehen, um die Wirtſchafts=Einnahmen zu erhalten, alle privaten Ausgaben von der Geſamt=Ausgabe, um die Wirtſchafts=Ausgaben zu erhalten.

4. Da die Grund= und Gebäudeſteuer im ſteuerlichen Sinne

zu den Kommunalabgaben und nicht, wie im landwirt=
schaftlichen Sinne, zu den Wirtschaftskosten gehören, so
sind sie dem Einkommensbetrage wieder hinzuzurechnen,
wenn man das gesamte Geldeinkommen aus der Wirtschaft
erhalten will.

5. Diesem Geldeinkommen des Steuerpflichtigen, welches ihm
aus der Wirtschaft zugeflossen ist, ist sein Naturaleinkommen
hinzuzufügen, d. h. der auf ihn und seine Familie ent=
fallende Anteil der von der Wirtschaft an den gemeinsamen
Haushalt gelieferten Naturalien, der Mietswert der
von ihm und seiner Familie und etwaigen sonstigen nicht
zum Wirtschaftspersonal gehörenden Haushaltsgenossen
benutzten Wohnung, der Kostenbetrag der für private
Zwecke benutzten Spanntiere der Wirtschaft, Unterhaltungs=
kosten für Jagdhunde und die Beträge anderer, von der
Wirtschaft für die Herrschaft etwa gemachter Aufwen=
dungen.

6. Sofern das Inventar der Wirtschaft sich während des
Jahres im Werte gleichgeblieben ist, so stellen vorstehende
Angaben das gesamte Einkommen des Landwirtes aus
Grundvermögen dar. Dagegen ist eine etwaige Werts=
vermehrung des Inventars diesem bisher ermittelten Ein=
kommen aus Grundvermögen noch zu=, eine etwaige Werts=
verminderung aber abzurechnen, um das dem Besitzer
aus Grundvermögen thatsächlich zugeflossene Einkommen
im steuerlichen Sinne zu erhalten.

7. Das dem Landwirt unabhängig von seinem Betriebe zu=
gegangene Einkommen, steht in der Rubrik „private Ein=
nahmen" des Kassenbuches verzeichnet; die Rubrik „private
Ausgaben" daselbst weist nach, was für den Besitzer aus
der gemeinsamen Kasse aufgewandt wurde. Von den
privaten Einnahmen sind Schenkungen, Lotteriegewinne,
Auszahlungen von Lebensversicherungen u. dergl. als steuer=
freie Einnahmen auszuscheiden, der Rest ist dem bisher er=
mittelten steuerpflichtigen Einkommen getrennt nach Herkunft

als Einkommen aus Kapitalvermögen und Einkommen aus gewinnbringender Beschäftigung hinzuzuschreiben. Die privaten Ausgaben gehen die Steuererklärung im allgemeinen nichts an, da es den Steuerbehörden gleichgiltig sein kann, wozu der Steuerpflichtige sein Einkommen verwendet; diese gestatten jedoch von den Ausgaben die Schuldenzinsen und Renten (nicht aber Schulden-Tilgungsbeträge), den Pachtzins, dauernde Lasten, z. B. Altenteile, welche auf besonderen Verträgen beruhen, Beiträge zu Kranken-, Unfall-, Alters-, Invaliden-Versicherungs-, Waisen-, Pensionskassen für die eigene Person des Steuerpflichtigen und Lebensversicherungsprämien bis zur Höhe von 600 Mk. als steuerfreie Ausgaben in Abrechnung zu bringen.

8. Für das Einkommen aus Grundvermögen, sowie für unsicheres Einkommen aus Kapitalvermögen und gewinnbringender Beschäftigung ist der Durchschnitt der letzten drei Jahre, für feststehende Kapitalzinsen, Gehälter u. s. w. dagegen der voraussichtliche Betrag des kommenden Jahres der Berechnung zu Grunde zu legen.

Im übrigen müssen wir auf eine demnächst von der Buchführungsstelle der D. L.-G. herauszugebende besondere „Anleitung zum Nachweis des steuerpflichtigen Einkommens für den Landwirt" verweisen.

II. Rechnung über die einzelnen Betriebsmittel.

1. Geldrechnung.

Der Landwirt, welcher einen tieferen Einblick in die Verhältnisse seines Betriebes wünscht, kann sich nicht damit zufrieden geben, zu erfahren, was er im ganzen aus seiner Wirtschaft an barem Gelde eingenommen und was er für dieselbe aufgewendet hat, sondern er muß danach streben, auch einen Überblick darüber zu gewinnen, wofür die Geld-Einnahmen und -Ausgaben gemacht wurden. Nun sind zwar in unserem im ersten Abschnitt beschriebenen Kassenbuche bei jedem Betrage in der Textspalte auch Angaben darüber vorhanden, wodurch die Einnahmen und Ausgaben verursacht wurden. Es stehen dieselben hier aber ungeordnet durcheinander, so wie sie der Zeit nach erfolgten, ohne daß der Landwirt überblicken kann, was jeder Zweig seines Betriebes für sich gesondert an Ausgaben nötig machte, an Einnahmen brachte. Soll ein solcher Überblick gewonnen werden, so ist eine Zusammenstellung nach dieser Richtung hin notwendig, die gesamten Einnahmen und Ausgaben müssen, nach einzelnen Wirtschaftszweigen getrennt, auf letztere verteilt werden.

Eine Verteilung der gesamten Einnahmen und Ausgaben der Kasse auf diejenigen, welche die Wirtschaft einerseits und den Besitzer andererseits betreffen, haben wir schon kennen gelernt. Es wurden zwecks Durchführung derselben die privaten Einnahmen und Ausgaben aus der Gesamtsumme der Einnahmen und Ausgaben ausgeschieden und von letzteren in Abzug gebracht. Statt dessen könnte man auch in jeder Hälfte der Kassenrechnung neben der Hauptbetragsspalte zwei Verteilungsspalten einrichten, eine für die privaten, eine für die die Wirtschaft betreffenden Umsätze. Ferner kann man die beiden Spalten für die Wirtschafts-Einnahmen und Wirtschafts-Ausgaben auch noch weiter in Unterspalten für bestimmte Zweige der Wirtschaft zerlegen. In dieselben sind dann nur diejenigen Einnahmen bezw. Ausgaben zu verbuchen, welche diese Wirtschaftszweige betreffen z. B. in einer Spalte nur die den Ackerbau, in einer anderen die die Rindviehzucht u. s. w. betreffenden Einnahmen u. s. w. Unser Kassenbuch wird durch diese Ausgestaltung zu einem kombinierten Kassen- und Geldverteilungsbuche und erhält dementsprechend folgende Liniatur.

(Siehe nebenstehende Tabelle)

Eine nicht unwesentliche Vervollkommnung der Geldrechnung besteht weiter darin, daß die Betragsspalten für die gesamten Einnahmen und Ausgaben je in eine Vorspalte und in eine Hauptbetragspalte zerteilt werden. Werden z. B. für den Haushalt eine Reihe von Gegenständen auf einer Tour zur Stadt gekauft, so

Monat Tag	Bezeichnung der Einnahme	Betrag	Gesamt-Einnahme-betrag Mk. | Pf.	Privat Mk. | Pf.	Die Einnahmen aus der Wirtschaft verteilen sich auf folgende Zweige					
					Acker-bau Mk. | Pf.	Rind-vieh-haltung Mk. | Pf.	Pferde Mk. | Pf.	Schä-ferei Mk. | Pf.	Schwei-ne-haltung Mk. | Pf.	u.s.w. Mk. | Pf.

Monat Tag	Bezeichnung der Ausgabe	Betrag	Gesamt-Ausgabe-betrag Mk. | Pf.	Privat Mk. | Pf.	Gemein-same Be-köstigung u.s.w. Mk. | Pf.	Die Ausgaben für die Wirtschaft verteilen sich auf folgende Zweige					
						Acker-bau Mk. | Pf.	Rind-vieh-haltung Mk. | Pf.	Pferde Mk. | Pf.	Schä-ferei Mk. | Pf.	Schwei-ne-haltung Mk. | Pf.	u.s.w. Mk. | Pf.

können alsdann alle einzelnen Beträge in die Vorspalte eingetragen werden, und braucht nur ihr Gesamtbetrag in der Hauptspalte ver= zeichnet und auch nur dieser bei der Verteilung in die Verteilungs= spalten übertragen zu werden. Hierdurch wird die Verteilungs= arbeit erleichtert. Besonders nützlich ist eine solche Einrichtung jedoch für die Klarstellung der wirklichen Kosten der gekauften und den wirklichen Erlös der verkauften Güter, wenn die Vorspalte dazu benutzt wird, alle baren Einkaufs= und Verkaufsunkosten auf= zunehmen und dieselben alsdann sofort zu den gezahlten Markt= preisen der gekauften Güter hinzu=, von dem Erlös der verkauften Güter abzurechnen und nur die Summe bezw. der Rest in der Hauptspalte verbucht wird.

Auch die Schuldenrechnung oder Abrechnung mit Fremden läßt sich mit der Geld= und Geldverteilungsrechnung mit Ver= teilungsspalten in zweckmäßiger Weise vereinen. Zu dem Zwecke muß neben der Hauptbetragspalte für die baren Einnahmen und Ausgaben eine Betragspalte für die noch ausstehenden Einnahmen und noch zu zahlenden Ausgaben errichtet werden. Unter den Verteilungsspalten muß dann im Einnahmeteil eine solche errichtet werden, in welche die „aus Abrechnungen" der Kasse zugegangenen Beträge bei der Verteilung zu übertragen sind; im Ausgabeteil muß eine Verteilungsspalte eingerichtet werden, in welche bei der Verteilung der Ausgaben alsdann die von der Kasse „für Ab= rechnungen" gemachten Ausgaben verbucht werden können.

Es ist noch eine andere Anordnung der Verteilungsspalten möglich und für kleine Wirtschaften mit nur wenigen Wirtschafts= zweigen auch zweckmäßig. Derselben liegt ein Kassenbuch zu Grunde, welches Einnahme= und Ausgabeteil auf einer Doppelseite vereint und einen gemeinsamen Textraum für beide Teile in der Mitte aufweist, in welchen sowohl der zu den Einnahmen als auch der zu den Ausgaben gehörige Text verzeichnet wird. Links von diesem gemeinsamen Textraume befindet sich alsdann die Betrag= spalte für die Einnahmen, rechts von derselben die Betragspalte für die Ausgaben, z. B.:

Betrag der Einnahmen	Datum	Bezeichnung der Einnahmen und Ausgaben	Beleg	Betrag der Ausgaben

Sollen in einem derartigen Kassenbuche auch Verteilungs= spalten eingerichtet werden, so müssen dieselben im Einnahmeteil natürlich alle links vom Textraum, am besten links von der Betrag= spalte, errichtet werden, im Ausgabeteil dagegen rechts von den= selben, z. B.: (siehe Tabelle Seite 50.)

Es ist nicht schwer zu erkennen, daß bei einer etwas weiter= gehenden Verteilung der Einnahmen und Ausgaben ein großer Raum auf einer Doppelseite erforderlich ist, welcher ein solches Buch leicht unhandlich machen kann. Aus diesem Grunde ist die oben durchgeführte Trennung des Geldverteilungsbuches in Einnahme= und Ausgabeteil für eine einigermaßen umfangreiche Wirtschaft vorzuziehen. Wir werden aber später sehen, daß diese Anordnung für andere Rechnungen große Vorzüge hat, daher hier erwähnt werden mußte.

Die Geldverteilung in Verteilungsspalten des Kassenbuches oder besser des vereinigten Kassen= und Geldverteilungsbuches hat jedoch trotz ihrer unverkennbaren Vorzüge einen Nachteil, der nicht verschwiegen werden darf. Es lassen sich nämlich die verschiedenen, für jeden einzelnen Wirtschaftszweig gemachten Einnahmen und Aus= gaben dabei nur schwer übersehen. Sie stehen zwar für jeden Zweig in einer bestimmten Spalte, jedoch räumlich von einander getrennt und entfernt von dem ihnen zugehörigen Texte. Ferner ist die Möglichkeit nicht ausgeschlossen, daß bei der Verteilung eine verkehrte Spalte gewählt wird, ein Fehler, der bei der Rechnungs= Prüfung nicht zum Ausdruck kommt, daher nicht leicht gefunden wird. Sollen diese Nachteile umgangen werden, so muß man statt

Aereboe, Buchführung.   4

Die Ausgaben verteilen ſich auf:			Betrag der Ausgaben	Beleg	Bezeichnung der Einnahmen und Ausgaben	Datum	Betrag der Einnahmen	Die Einnahmen verteilen ſich auf:		
uſw.	Viehzucht	Ackerbau	Privat						Privat	Ackerbau	Viehzucht	uſw.

der Verteilungsſpalten jedem Zweige zwei Seiten eines beſonderen Geldverteilungsbuches einräumen. Es werden die Verteilungsſpalten des Einnahmeteiles und des Ausgabeteiles des Kaſſenbuches für jeden Zweig der Rechnung nebeneinander geſtellt und zu einer Doppelſeite erweitert. Auf die linke der für jeden Zweig zu wählenden Doppelſeite werden alsdann alle von ihm der Kaſſe zugewandten Einnahmen, auf der rechten, umgekehrt alle von der Kaſſe für den Betriebszweig gemachten Ausgaben laut Kaſſenbuch zum zweiten Male eingetragen oder übertragen. Sie ſtehen alsdann hier überſichtlich untereinander. Da aber der ganze Text jeder einzelnen Einnahme und Ausgabe hier wiederholt werden muß, ſo erfordert dieſe Art der Geldverteilung nicht nur nicht unweſentlich mehr Arbeit, ſondern ſie verumſtändlicht auch die Prüfung der Rechnung auf ihre Richtigkeit. — Welche von beiden Anordnungen man alſo zu wählen hat, hängt demnach davon ab, wie eingehend der Aufſchluß unter vermehrter Arbeitsaufwendung gewünſcht wird.

Die Einrichtung des in Rede ſtehenden beſonderen Geld-

verteilungsbuches ist der eines Kassenbuches ohne Verteilungs=
spalten und mithin auch der des Abrechnungsbuches mit Fremden
gleich.   Da die Geldrechnung fast täglich zur Hand genommen werden
muß, so kann in derselben auch ein Platz für solche Aufzeichnungen
freibleiben, die nicht sofort in andere Bücher eingetragen werden,
z. B. welche Kühe gerindert, gekalbt, was für Wetter gewesen,
u. dgl. mehr.   Doch können dieselben ebensogut auch in anderen,
täglich zur Hand zu nehmenden Büchern gemacht werden, so be=
sonders in den Arbeitstagebüchern (siehe diese). —

2. Die Naturalienrechnung.

Auch bezüglich der Rechnung über die Naturalien kann es bei
einigermaßen eingehender Buchführung nicht genügen, zu wissen,
was dem Besitzer an solchen unmittelbar oder durch Verkauf zu=
geflossen ist, also die Wirtschaft verlassen hat, und was durch
Zukauf in die Wirtschaft eingeführt worden ist, sondern der Land=
wirt muß auch hier sich darüber Rechenschaft zu geben suchen, was
an Naturalien er überhaupt aus seinem Ackerbau u. s. w. und
durch Zukauf eingenommen hat, und was er an Naturalien und
wozu er sie verwendet hat.   Bei einer sich lediglich auf gekaufte
und verkaufte bezw. dem Besitzer überwiesene Naturalien er=
streckenden Rechnung fehlt jede Überwachung der Verwendung
bezw. des Verbleibs sowie auch der Nachweis der noch vor=
handenen Naturalbestände.   Diese ist nur möglich, wenn für jedes
Natural sämtliche Einnahmen und Verwendungen gebucht werden.
Weiter muß es den Landwirt interessieren, zu wissen, was seine
einzelnen Wirtschaftszweige im ganzen von den verschiedenen
Naturalien beansprucht haben.   Da die Zahl der Naturalien
eines landwirtschaftlichen Betriebes eine sehr große ist, so ist
bei der Einrichtung des Naturalienbuches zweckmäßig, mit einer
Rechnung für die wertvollsten, wie Getreidekörner, Sämereien,
Milch u. s. w. zu beginnen und mit der Zeit immer mehrere von
ihnen in die Rechnung hineinzuziehen.

Bei der Einrichtung der Naturalienrechnung kann man sich
zunächst ganz an die Einrichtung des Kassenbuches halten, welches

einen gemeinsamen Textraum für Einnahmen und Ausgaben zwischen den Betragspalten besitzt (s. S. 49). In die Betragspalte links von diesem Textraum sind dementsprechend die gesamten Einnahmen, in die Betragspalte rechts die gesamten Ausgaben einzutragen und zwar derart, daß für jedes einzelne Natural eine Doppelseite eingerichtet wird. Wir erhalten alsdann z. B. für die Weizen=Rechnung folgendes Formular.

Weizen=Rechnung.

Datum	Betrag der Einnahme	Bezeichnung der Einnahmen und Ausgaben	Betrag der Ausgabe

Wie leicht ersichtlich, können links und rechts von den Haupt=betragsspalten auch Verteilungsspalten errichtet werden, in welche die Einnahmen auf die einzelnen Quellen, aus denen sie stammen, (links), die Ausgaben auf die Zweige, für die sie verwendet wurden, (rechts), verteilt werden. Wird diese Verteilung jedesmal sofort vorgenommen, wenn die Einnahmen und Ausgaben verbucht werden, so kann der Textraum auch gänzlich fortfallen, da derselbe ja nur nachweisen soll, woher die Einnahmen stammten, wofür die Ausgaben gemacht wurden. Dieser Nachweis wird nun durch die Bezeichnung am Kopf der Verteilungsspalten sofort erbracht. Nur bei den ver=kauften und gekauften Naturalien ist ein solcher Textraum nicht immer ganz zu entbehren, da es zweckmäßig ist, auch aus der Naturalienrechnung sofort ersehen zu können, an wen und zu welchem Betrage Naturalien verkauft wurden. Ebenso muß der Name der Arbeiter verzeichnet werden können, an welchen Deputat verabfolgt wurde, weshalb auch hier eine schmale Textspalte ein=zuschieben ist.

Da ihrer Natur nach die Ein=
nahmen an Zahl meist geringer
sind als die Ausgaben, so kann
der Einnahmeteil kleiner als der
Ausgabeteil bemessen werden.
Wir erhalten dementsprechend z. B.
für die Körner=Rechnungen neben=
stehendes Formular:

Dasselbe läßt sich für die
Rechnung über die meisten
Naturalien benutzen, so besonders
für alle Getreidefrüchte, Wurzel=
gewächse, Ölkuchen u. s. w.;
nur die Bezeichnungen im Kopf
sind den jeweiligen Bedürfnissen
entsprechend abzuändern. In
der Regel wird eine Seite für
ein ganzes Jahr ausreichen, so
daß dieselbe eine Übersicht über
alle im Laufe desselben für ein
Natural gemachten Einnahmen
und Ausgaben nach Menge und
Herkunft bezw. Verwendung ge=
währt.

Die Rechnung über die unge=
droschenen Früchte wird bei vor=
stehender Naturalien = Rechnung
gesondert von der über die ge=
droschenen geführt (s. weiter
unten). Die abgedroschenen Körner
werden auf den einzelnen Körner=
rechnungen, wenn sie aufgemessen
sind, verbucht, das Stroh der be=
sonderen Strohrechnung über=
wiesen. Für letztere genügt es,

	Einnahme
Monat u. Tag	
Bestand aufge- nommen	
Gekauft	
von wem	
Preis	
Gesamt- Einnahme	

	Ausgabe
Monat u. Tag	
Verkauft	
an wen	
Preis	
Dreschlohn	
Für gemeinsame Beköstigung	
Deputat	
an wen	
Pferde	
Rindvieh	Futter an:
Schweine	
Schafe	
Federvieh	
Gesamt- Ausgabe	
Bemerkungen	

wenn drei Rechnungen, für Sommerhalmstroh, Winterhalmstroh
und Hülsenfruchtstroh, eingerichtet werden, für die das obige
Formular ebenfalls brauchbar ist. Die Einnahme an Stroh kann
hier zunächst laut Schätzung verbucht werden, der genaue Nachweis
der vorhanden gewesenen Mengen wird erst durch den Verbrauch,
also durch die Ausgabe erbracht (s. Futtertabelle). Beim Heu
erfolgt die Einnahme laut Wägung oder Schätzung. Auch hier
prüft die Ausgabe die Richtigkeit dieser Angaben.

Eine derartige Naturalien=Rechnung weist am Jahresschluß
für jedes einzelne Natural einerseits die gesamten Einnahmen
nach Herkunft derselben, andererseits die gesamten Ausgaben nach
Verwendung derselben nach. Durch eine Zusammenstellung der
für einen bestimmten Zweck, z. B. als Futter für das Rindvieh,
verwandten verschiedenen Naturalien läßt sich dann am Jahres=
schlusse oder früher ermitteln, was für diesen Zweck im ganzen,
im angenommenen Falle also für das Rindvieh, an Naturalien
aufgewendet worden ist; in gleicher Weise läßt sich durch Zusammen=
stellung der Einnahmen, z. B. aller gekauften oder aller dem
Ackerbau entstammenden Naturalien, feststellen, was aus denselben
im ganzen an Einnahmen geflossen ist.

Eine derartige Zusammenstellung am Jahresschlusse genügt auch
in den meisten Fällen; nur für die den einzelnen Tiergattungen
als Futter gereichten Naturalien ist eine solche schon vorher not=
wendig bezw. wichtig. Der Landwirt soll innerhalb des Jahres
wissen, was seine Tiere in bestimmten Zeitabschnitten an Futter er=
halten haben, er muß einen Vergleich zwischen der jeweiligen Stück=
zahl seiner Tiere, deren Leistungen und dem verabreichten Futter
ziehen können u. s. w. Es kommt hinzu, daß bezüglich der Stroh=
rechnung eine Kontrolle der vorhanden gewesenen Mengen immer
erst durch den Verbrauch ermöglicht wird. Auch für die Rechnung
über das Heu trifft dieses mehr oder weniger zu. Erst durch Fest=
stellung der verfütterten Mengen wird der Verbrauch in einem
bestimmten Zeitabschnitt ermittelt und aus den diesbezüglichen
Aufzeichnungen am Jahresschlusse die vorhanden gewesene Menge
rechnungsmäßig festgestellt. Aus diesem Grunde ist die Führung

einer Futtertabelle hier unerläßlich. Die Rechnungen über die übrigen Naturalien, welche den einzelnen Tiergattungen überwiesen werden, wie Körner, Ölkuchen u. dergl., werden weiter durch die Futtertabelle überwacht, denn die verfütterten Mengen müssen mit den, den einzelnen Viehgattungen überwiesenen übereinstimmen.

Als Formular für die Futtertabelle ist das umstehende zu empfehlen.

Eine derartige Zusammenstellung der einzelnen Naturalien nach ihrer Verwendung läßt sich auch für ihre Gesamtheit schon innerhalb des Rechnungsjahres dadurch erreichen, daß die ganze Naturalienrechnung von vornherein ihre Anordnung nach diesem Gesichtspunkte erhält. Anstatt nämlich jedem einzelnen Natural eine Doppelseite des Naturalien=Buches einzuräumen und auf derselben Herkunft und Verwendung für dieses allein zu verbuchen, kann man ebensowohl umgekehrt auch für jede Verwendungsweise eine Doppelseite des Naturalien=Buches einrichten und auf dieser alle Naturalien von gleicher Verwendung eintragen. So können z. B. auf einer Doppelseite alle verkauften, auf einer zweiten alle an das Rindvieh verfütterten Naturalien u. s. w. verbucht werden. Auf jeder dieser Seiten müssen blos Spalten für alle in Betracht kommenden Naturalien eingerichtet werden, Spalten, die sich größtenteils auf allen Seiten wiederholen werden, z. B.:

Datum	Bemerkungen	An Naturalien wurden an das Rindvieh verfüttert							
		Roggen	Hafer	Gerste	Erbsen	Bohnen	Mais	Baumwollensaatmehl	u. s. w.

Das gleiche Formular kann für die an die übrigen Viehgattungen verfütterten Naturalien dienen. Werden Spalten für

(linke Seite)

pro Tag die

Gerste kg | Hafer kg | Erbsen kg | Bohnen kg | Widen kg | Lupinen kg | Mais kg | Kleie kg | Buttermehl kg

pro Tag und Stück

Gerste kg | Hafer kg | Lupinen kg | Widen kg | Mais kg | Kleie kg | Buttermehl kg | Ölkuchen kg | Klee und Esparsetten kg | Heu und (Grummet) kg | Futterstroh kg | Streustroh kg

Stückzahl

Tage

Monat Tag

18

(rechte Seite)

in Summa

Gerste kg | Hafer kg | Erbsen kg | Bohnen kg | Widen kg | Lupinen kg | Mais kg | Kleie kg | Buttermehl kg | Ölkuchen kg | Klee und Esparsetten kg | Heu und (Grummet) kg | Futterstroh kg | Streustroh kg

gesamte Stückzahl

Ölkuchen kg | Klee und Esparsetten kg | Heu und (Grummet) kg | Futterstroh kg | Streustroh kg alle Naturalien der Wirtschaft errichtet, so kann dasselbe auch zum Nachweis jeglicher Verwendung benutzt werden und in gleicher Weise kann es zum Nachweis der Herkunft der einzelnen Naturalien=Einnahmen, also z. B. was erdroschen, gekauft ist u. s. w. dienen. Für die verschiedenen Arten der Einnahme (Herkunft) werden zweck=mäßigerweise die ersten Doppelseiten, für die verschiedenen Arten der Ausgabe (Verwendung) die folgenden Doppelseiten des Natu=ralien=Buches benutzt.

Um die Führung einer solchen Naturalien=Rechnung, die wir Naturalien=Hauptrechnung nennen wollen, zu vereinfachen, empfiehlt es sich in dieselbe nur wöchentliche Umsätze einzutragen und für die im Laufe der Woche vor sich gehenden Einnahmen und Ausgaben eine Neben=Rechnung anzulegen, welche dieselbe Liniatur wie die Hauptrechnung aufweisen kann. In derselben sind auf einer Doppelseite zunächst oben die Einnahmen, darauffolgend die Ausgaben genau nach denselben Titeln aufzuführen, nach denen sie in der Haupt=Rechnung verteilt werden sollen, z. B.

(Siehe Tabelle Seite 58.)

Mit dieser Naturalien=Nebenrechnung kann auch eine Rechnung über die ungedroschenen Früchte vereint werden, die sogenannte Scheunen= und Erdrusch=Rechnung. Für dieselbe sind alsdann links vom Textraum Spalten einzurichten, in denen über die un=gedroschenen Früchte bis zum Abdrusch Rechnung geführt wird. Es empfiehlt sich, diese Vereinigung der Rechnung über die unge=droschenen Früchte mit der über die gedroschenen und sonstigen Naturalien vornehmlich dort, wo die Zahl der letzteren keine zu große ist. Wo dies nicht zutrifft, da muß jedoch die Ernte= und Erdrusch=Rechnung für sich gesondert geführt werden. Ähnlich steht es mit der Rechnung über Heu und Stroh. Wer ein größeres Format für die Naturalien=Rechnung scheut, wird gut thun, diese besonders zu führen; unter Umständen kann es selbst geboten sein, auch für die Hackfrüchte eine besondere Rechnung einzurichten, um Raum für eine weitere Spezifikation der übrigen Naturalien zu gewinnen. Als Beispiel einer Naturalien=Nebenrechnung in Ver=bindung mit der Scheunen= und Erdrusch=Rechnung mag das Formular Seite 59 dienen.

Datum	Bezeichnung der Einnahme	Weizen t | kg	Roggen t | kg	Gerste t | kg	Hafer t | kg	u. s. w.
	Bestand von voriger Woche					
	Aufgemessen					
	Zugekauft					
	Zugeschroten					
	Insgemein					
	Summa					
	Bezeichnung der Ausgabe					
	Dreschlohn					
	zum Haushalt					
	Deputat					
	Verkauft					
	Aussaat					
	Geschroten					
	Insgemein					
	Futter an Pferde					
	u. s. w.					

Ungedroschene Früchte

Gedroschene Früchte u.s.w.

Monat und Tag	Weizen	Roggen	Gerste	Hafer u.s.w.	Woche Nr.	vom ... bis	Bezeichnung der Einnahme	Summa	Bezeichnung der Ausgabe	Weizen	Roggen	Gerste	Hafer u.s.w.
							Bestand von voriger Woche		Abgedroschen				
							Aufgemessen		Drescherlohn				
							Zugekauft		zum Haushalt				
							Zugeschroten		Deputat				
							Insgemein		Verkauft				
									Aussaat				
									Geschroten				
									Insgemein				
									Futter an Pferde u.s.w.				

Für die Heu- und Stroh-Rechnung empfiehlt sich dort, wo dieselbe nicht mit in die vorstehende Rechnung aufgenommen ist, die Benutzung des auf Seite 53 aufgeführten Formulars; dasselbe kann zweckmäßigerweise auch für die Scheunen- und Erdrusch-Rechnung benutzt werden und zwar in folgender Weise.

(linke Seite)   Ernte.

Monat und Tag	Weizen			Roggen			Gerste			Hafer		
	Schock	Summe	Schlag Nr.	Schock	Summe	Schlag Nr.	Schock	Summe	Schlag Nr.	Schock	Summe	Schlag Nr.

Abdrusch.   (rechte Seite)

Monat und Tag	Weizen			Roggen			Gerste			Hafer		
	Bestand	Ernte	Abdrusch	Bestand	Ernte	Abdrusch	Bestand	Ernte	Abdrusch	Bestand	Ernte	Abdrusch
	Schock			Schock			Schock			Schock		

Für die Molkereiprodukte, deren Verwendung in den einzelnen Wirtschaften eine sehr verschiedene ist, und die häufig auf verschiedenen Umwandlungsstufen durch die Rechnung laufen müssen, ist es besonders schwierig, ein allgemein maßgebliches Formular aufzustellen. Als Anhalt für die Einrichtung mag das folgende dienen.

(linke Seite)

Tag

Anzahl der melkenden Kühe

Vollmilch

Einnahme — Morgen — Mittag — Abend — Zusammen

nach der Molkerei

Ausgabe — Haushalt — Deputat — Entrahmt — Verkauft — Kälber — Schweine — Zusammen

Rahm

Einnahme

Ausgabe — Haushalt — Verbuttert — Verkauft — Zusammen

Magermilch

Einnahme — aus der Molkerei — aus der Wirtschaft

Ausgabe — Haushalt — Deputat — Verkauft — Verkauft — Kälber — Schweine — Zusammen

(rechte Seite)

Butter

Einnahme kg

Ausgabe — Haushalt kg — Deputat kg — Verkauft kg — Zusammen kg

Buttermilch

Einnahme

Ausgabe — Haushalt — Deputat — Verkauft — Kälber — Schweine — Zusammen

Käse

Einnahme kg Stück

Ausgabe — Haushalt kg Stück — Verkauft kg Stück Sorte Nr. — Zusammen kg Stück

Wolken für die Schweine 1

Tag

Bemerkungen

Bezüglich der Rechnung über die Düngemittel siehe unter Nr. 7.

3. Die Vieh=Register.

Wie die Naturalien=Rechnungen uns näheren Aufschluß über die Zugänge und Abgänge der einzelnen Naturalbestände geben, so sollen die Viehstands=Register dies bezüglich der einzelnen Bestände an Zug= und Nutzvieh thun. Denn aus der Geldrechnung ist auch bezüglich des Viehes nur zu ersehen, was davon die Wirt= schaft durch Verkauf verlassen und was durch Zukauf von außen in dieselbe hineingelangt ist. Es vollziehen sich jedoch an den Viehbeständen auch anderweitige wichtige Veränderungen. Tiere wachsen heran und können aus der Klasse des Jungviehes in die der leistungsfähigen Tiere versetzt, andere müssen vom Milch= oder Arbeitsvieh zum Mastvieh gestellt werden, wieder andere krepieren u. s. w. Man könnte derartige Veränderungen zwar auch in einem ausführlichen Inventarienverzeichnis anmerken, was, wie im ersten Abschnitt angegeben, für einfache Verhältnisse auch genügend und empfehlenswert sein kann. Bei einem umfangreichen Vieh= stapel und bei einer eingehenderen Buchführung dagegen ist es notwendig, hierfür ein besonderes Buch anzulegen und am Jahres= schluß im Inventarienverzeichnis nur die in Summa stattgehabten Veränderungen nach den einzelnen Registern dieses Buches ihrem Geldwerte nach anzugeben. Die Benutzung der Viehregister ergiebt sich aus dem im ersten Abschnitt zur Inventur Gesagten. Als Muster für die Einrichtung derselben mag das nebenstehende Formular dienen.

4. Die Lohn=Register.

a) Das Tagelohn=Register.

Für die Ertragsberechnung eines landwirtschaftlichen Betriebes im ganzen finden sich die über die gezahlten Arbeitslöhne nötigen Auf= zeichnungen in der Geldrechnung; für eine solche ist daher ein be= sonderes Tagelohn=Register nicht notwendig. Aber nur in kleineren Betrieben, in welchen nicht viele Arbeiter beschäftigt werden, ist es dem Leiter möglich, am Wochenschluß bei der Lohnzahlung ohne

(linke Seite)

Jahr 18	Monat Tag	Nr. der Woche	Art des Zugangs (Bestand, geboren, gekauft, versetzt) oder des Abgangs (verkauft, geschlachtet, verendet, versetzt nach dem Alter)	Pferde					Rindvieh							Schafe									Bemerkungen
				Hengste	Stuten	Wallache	Fohlen jährig 3 2 1 Saug-	Summa	Bullen	Kühe	Ochsen	Farren jährig 2 1	Kälber entwöhnte Saug-	Summa		Alte Böcke Mütter Hammel			Erstlinge Böcke Mütter Hammel						

(rechte Seite)

Fellrechnung				Kleinvieh				Schweine							Schafe										Bemerkungen
Grobviehhäute	Kalbfelle	Schaffelle	Sammtfelle	Enten	Gänse	Enten Gänse Hühner		Eber Buchtsauen Tafel- und Mastschweine groß mittel klein Ferkel Summe							Jährlinge Bock Mütter Hammel			Lämmer Bock Mütter Hammel Summe							

besondere Aufzeichnungen genau zu wissen, wie viel Arbeitstage jeder Arbeiter im Laufe der Woche geleistet, wie viel Lohn ihm infolgedessen zusteht. In jeder einigermaßen umfangreichen Wirt= schaft ist daher eine besondere Buchführung hierüber notwendig. Dieselbe umfaßt lediglich das Tagelohn=Register. In demselben wird für jeden Arbeiter eine Wochenrechnung darüber geführt, wie viel er an Arbeitszeit, gegebenenfalls (bei Einberechnung der Akkordarbeit) auch an Arbeitsmenge geleistet, was er dementsprechend an Lohn empfangen soll und von diesem Soll bereits empfangen hat.

Gleichzeitig müssen die Aufzeichnungen so gemacht werden, daß ersichtlich ist, inwieweit dieser Lohnbetrag dem Arbeiter bar zugegangen ist und inwieweit derselbe etwa zu Beiträgen an Kassen der verschiedenen Art oder zu Zahlungen an den Besitzer für Garten=, Kartoffelland oder anderen demselben vielleicht zustehenden Hebungen verwandt wurde. Die Beträge der letztgenannten Art, welche von dem Lohn in Abrechnung gebracht werden, sind in eine besondere Spalte „Bemerkungen" einzutragen, um sie am Jahresschlusse als nicht zum Lohn gehörig abrechnen zu können. Die Beiträge des Arbeitgebers für die Kranken=, Alters= und Invalidenversicherung werden beim Abschlusse einer jeden Seite des Tagelohn=Registers dem gesamten Lohnbetrag hinzugerechnet. Die Höhe derselben ergiebt sich aus den von den Arbeitern selbst ge= zahlten Beiträgen zu den in Rede stehenden Kassen.

Das Übrige erhellt aus dem nebenstehenden Formulare selbst.

b) Das Lohn= und Deputat=Register.

Wie das Tagelohn=Register näheren Aufschluß darüber geben soll, was die einzelnen in Tagelohn beschäftigten Personen an Tagelohn bar zu erhalten und erhalten haben, so soll das Lohn und Deputat=Register diesen Nachweis für die ganz oder teilweise in Jahreslohn angestellten Personen erbringen. Wo dieser Jahres= lohn nur in barem Gelde besteht, da erstreckt sich das Lohn= und Deputat=Register nur auf dieses, wo dagegen auch Naturaldeputat verabfolgt wird, da ist außerdem auch davon anzugeben, was jedem Arbeiter zusteht und zu welcher Zeit ihm das Zustehende

Bezeichnung der Arbeitszeit und der Arbeiter	Sonntag 12	Montag 13	Dienstag 14	Mittwoch 15	Donnerstag 16	Freitag 17	Sonnabend 18	Anzahl der Tage	Überstunden	Lohn für den Tag Mk. Pf.	Gesamtbetrag des Lohnes Mk. Pf.	KrankenkassenBeitrag Pf.	Alters und Inv.-Versicherung Pf.	Ausgezahlter Geldbetrag Mk. Pf.	Bemerkungen
Februar 12. bis 18.															
Wöchentlich .... Akkord: Wallgraben, Marten 320m zu 30 Pf.											6 —				

verabfolgt wurde. Erhält ein Arbeiter in einem bestimmten Rechnungsjahre mehr als ihm zusteht, oder weniger, so ist der Unterschied mit der Bemerkung „hat schon im Vorjahre erhalten", oder „hat noch für das Vorjahr zu erhalten" mit in die Rechnung des nächsten Jahres zu übernehmen. Das Weitere ergiebt sich aus dem Formular auf Seite 67. Wenn nur barer Lohn gezahlt wird, so bleiben die für die Naturalien bestimmten Spalten un= benutzt, ein besonderes Formular für die Lohn=Rechnung der be= treffenden Leute zu wählen, wie meist üblich, ist nicht notwendig.

Das in Rede stehende Formular ist derart gewählt, daß es auch als Muster für die Einrichtung besonderer Lohnhefte, welche den einzelnen Gesindepersonen u. s. w. ausgehändigt werden, dienen kann. Alle Eintragungen, welche in das Lohn= und Deputat=Register erfolgen, werden bei Benutzung dieser Lohnhefte in ihnen wiederholt, so daß dauernde Übereinstimmung zwischen beiden bestehen muß.

Man kann zweckmäßigerweise in diese Lohnhefte auch ein Verzeichnis derjenigen Inventurstücke aufnehmen, welche von den betreffenden Gesindepersonen, deren Namen sie tragen, benutzt werden, z. B. Pferdegeschirre und Stallgerätschaften der Pferde= knechte u. s. w. Bei der Inventur läßt man sich diese Dinge vor= zeigen, ebenso die Reste verbrauchter Teile. Dies erleichtert nicht nur die Bestandsaufnahme, sondern erhöht auch im Gesinde das Gefühl der Verantwortlichkeit.

5. Die Arbeits=Tagebücher.

Dieselben sollen Aufschluß über die im Laufe des Rechnungs= jahres täglich vorgenommenen Hand= und Spannarbeiten geben, sie sollen nachweisen, was an menschlichen und tierischen Arbeits= kräften für die Wirtschaft aufgewandt, was von denselben an Arbeit geleistet wurde und welche Zweige der Wirtschaft diese Leistungen erforderlich machten. Die Arbeitstagebücher sind zur Ermittelung des gesamten Ertrages nicht notwendig, dennoch haben sie auch für eine einfache Buchführung ihre Bedeutung, indem sie durch die oben erwähnten Nachweise den Einblick in das Wirtschaftsgetriebe

Formular für das Lohn- und Deputat-Register, sowie für die Lohnhefte.

Der

soll erhalten:

vom

bis

ferner:

„ im ganzen:

hat erhalten:

mithin noch zu fordern:

aus

Roggen | Gerste | Erbsen | Kartoffeln

bar

Mk. | Pf.

erhielt:

Der

Datum

Der

soll erhalten:

vom 18

bis 18

ferner

„ im ganzen:

hat erhalten:

mithin noch zu fordern:

aus

Roggen | Gerste | Erbsen | Kartoffeln

bar

Mk. | Pf.

erhielt

Der

Datum

5*

nicht unwesentlich vertiefen. Für die vollkommenere landwirt=
schaftliche Buchführung ist ihre Führung ebenso unerläßlich wie die
einer ausführlichen Naturalien= und Lohnrechnung. Die letztere,
sowie die Rechnung über das Spannvieh hat bei derselben die
Kosten der Hand= und Spannarbeiten nachzuweisen. Die den
Arbeitern gezahlten baren Löhne mit in die Arbeitstagebücher
hineinzubringen, erscheint nicht zweckmäßig, da dieselben meistens
nicht den Gesamtlohn, sondern nur einen schwankenden Teil des=
selben ausmachen, daher die Kosten der Arbeiten nicht zum Ausdruck
bringen. Während der eine Arbeiter nur baren Lohn erhielt,
empfing der zweite einen Teil seines Lohnes in Naturalien, und
ein dritter vielleicht noch mehr davon u. s. w. Von den Natural=
löhnen muß ein größerer Teil auf die arbeitsreichsten Perioden
gerechnet werden, als auf die arbeitsarmen, geradesogut wie in
ersteren auch die baren Löhne höhere sind. Zu diesen theoretischen
Gründen kommt noch der praktische Gesichtspunkt hinzu, daß durch
die Einbeziehung der Lohnsätze in die Arbeitstagebücher die Führung
derselben beträchtlich umständlicher wird.

Wird die Anzahl der Pferde=, Ochsen=, Männer= und Frauen=
arbeitstage u. s. w., welche für jeden Wirtschaftszweig im Laufe
eines Rechnungsjahres erforderlich waren, sowie der Aufwand für
dieselben für das ganze Jahr gesondert festgestellt, so können die
für jeden Wirtschaftszweig aufgewandten Arbeitskosten daraus be=
rechnet werden. Hierbei muß aber nicht nur die Anzahl der Arbeits=
tage in Betracht gezogen werden, sondern auch die Zeit, in welche
die Arbeiten fielen. Die bei den Gespannen arbeitenden Männer
werden stets als Knechte in einem Gespannarbeitstagebuch neben
der Zahl der beschäftigten Arbeitstiere aufgeführt, die Knechte=
arbeitstage also aus den Männerarbeitstagen ausgeschieden, auch
dann, wenn sie von Tagelöhnern u. dgl. geleistet worden sein
sollten. Die nicht regelmäßig mit den Gespannen arbeitenden
Männer werden unter den Männerarbeitstagen im zweiten, dem
Handarbeitstagebuche, aufgeführt, auch dann, wenn es Knechte sein
sollten, die für gewöhnlich mit den Gespannen arbeiten. Meistens
wird es genügen, wenn außerdem über die Frauenarbeitstage

Rechnung geführt wird. Wichtig ist, daß an jedem Tage die Zahl der vorhandenen Pferde, Ochsen und der beschäftigten Knechte, Männer und Frauen zumeist im ganzen aufgeführt wird. Die Angaben über die bei den einzelnen Arbeiten beschäftigte Anzahl von Arbeitskräften haben dann die Verwendung der Gesamtzahl nachzuweisen und werden durch letztere kontrolliert. Bei den Arbeits= tieren muß dementsprechend auch die Zahl der nicht beschäftigten Tiere mit aufgeführt werden.

Bei den menschlichen Arbeitskräften ist dies nur bezüglich der im Jahreslohn angestellten Leute notwendig. Arbeiten welche sich an verschiedenen Tagen einer Woche wiederholen, brauchen im Textraume nur einmal aufgeführt zu werden, wenn für jede Woche in den Arbeitsbüchern eine Seite mit Spalten für die sieben Tage derselben eingerichtet wird. Hierdurch wird die Arbeit beträchtlich vermindert, was ein wesentlicher Vorzug des nachstehenden Formulars für die Arbeitstagebücher ist. In einer hinter den Wochentagen eingerichteten Spalte werden die im ganzen und für jede ausgeführte Arbeit im Verlauf der Woche erforderlich gewesenen Arbeitstage gebucht. Die Summe der letzteren muß der Summe der ersteren wieder gleich sein, so daß eine tägliche und eine wöchentliche Über= wachung der Richtigkeit der Rechnung stattfindet. Werden die einzelnen Wirtschaftszweige in der Buchführung mit Nummern versehen, so können in einer Spalte vor dem Textraum durch Angabe der betreffenden Nummer am Schluß der Woche sofort diejenigen Wirtschaftszweige bezeichnet werden, für welche die Arbeiten vorgenommen wurden. Das Nähere ergiebt sich aus dem Formular selbst, welches neben den bereits hervorgehobenen Vor= zügen noch den aufweist, daß es sowohl für kleine, wie auch für große Wirtschaften gleich brauchbar ist. (Siehe Formular Seite 70.)

Die für die einzelnen Zweige der Wirtschaft aufgewandten Arbeitstage werden am Schlusse einer jeden Woche ihren Summen nach in eine Zusammenstellung übertragen, bei der man sich eines Formulars bedient, welches für die Wochen eines Monats aus= reicht: (Siehe Formular Seite 71.)

Pferde-Gespann-Arbeiten			Ochsen-Gespann-Arbeiten	Tagelohn-Arbeiten
Knechte-Tage	Knechte-Tage		Knechte-Tage	Männer-Tage
S. M. D. M. D. F. S.	Su.	Sa.		
Pferde-Tage	Pferde-Tage		Ochsen-Tage	Frauen-Tage
S. M. D. M. D. F. S.	Su.	Sa.		

Jahr: Monat: Nr. der Zweige	Bezeichnung der Wirtschaftszweige, für welche die Arbeiten aufgewandt wurden	Woche Nr.						Woche Nr.						usw.
		Vom		bis				Vom		bis				
		Pferde-Gespanne		Ochsen-Gespanne		Tagelohn-Arbeiten		Pferde-Gespanne		Ochsen-Gespanne		Tagelohn-Arbeiten		
		Knechts-Tage	Pferde-Tage	Knechts-Tage	Ochsen-Tage	Männer-Tage	Frauen-Tage	Knechts-Tage	Pferde-Tage	Knechts-Tage	Ochsen-Tage	Männer-Tage	Frauen-Tage	

Diese Zusammenstellungen der in den einzelnen Wochen für jeden Wirtschaftszweig aufgewandten Arbeiten liefern am Schluße des Jahres die Unterlagen zur Berechnung der für jeden Zweig im ganzen aufgewandten verschiedenen Arbeitstage. Die Bezeichnungen der einzelnen Zweige der Wirtschaft können in dem vorstehendem Formular links im Textraum ein für alle Mal vorgedruckt werden, so daß bei den Übertragungen aus den Arbeitstagebüchern nur einige Zahlen geschrieben zu werden brauchen. — Bei der Jahreszusammenstellung bedient man sich eines Formulars, in dem die Bezeichnungen der einzelnen Wirtschaftszweige im Kopfe senkrecht verlaufender Spalten erscheinen; links werden in einem Textraume alsdann die einzelnen Wochen bezeichnet, dagegen rechts auf derselben Linie die in denselben erforderlich gewesenen Arbeitstage in den für die einzelnen Wirtschaftszweige errichteten Spalten. Eine solche Jahreszusammenstellung wird zunächst für die Pferdetage mit den dazu gehörenden Knechtetagen, eine andere sodann für die Ochsentage mit ihren Knechtetagen und eine schließlich für die Männer- und Frauentage angefertigt. Diese Zusammen-

stellungen haben bleibenden Wert für die Einblicke in die Wirt=
schaft und die Vervollkommnung des Betriebes (s. auch Lagerbuch).

6. Rechnungen über die Leistungen der Haustiere.

Probemelk= und Zucht=Register.

In einem von der übrigen Buchführung unabhängigen, selbst=
ständigen Teile derselben kann der Landwirt sich Aufschluß über
die Leistungen seiner verschiedenen Haustiergattungen zu ver=
schaffen suchen. Für viele dieser Leistungen ist eine Rechnungs=
führung allerdings nicht notwendig, da der Augenschein genügenden
Anhalt für ihre Beurteilung gewährt, in anderen Fällen dagegen
ist der gewünschte Aufschluß nur durch regelmäßige Aufzeichnungen
zu erbringen, so z. B. für die Milchleistungen der Milchtiere, die
Zuchtleistungen u. dergl. m.

Im Nebenstehenden bringen wir ein Formular, welches Probe=
melk=, Zucht= und Trächtigkeits=Register in sich vereint.

Für Wirtschaften, in welchen ein besonderes Zuchtregister für
das Rindvieh geführt werden soll, fällt der obere Teil des vor=
stehenden Registers fort. Für die Einrichtung des Zuchtregisters
kann alsdann das Formular auf Seite 74 als Anhalt dienen.

7. Die Rechnungen über Düngung, Bestellung, Ernten und Statik der Grundstücke.

a) Das Dünger=Ausfuhr=Register.

Ein Naturalien=Register, welches eine Kontrolle über den vor=
handenen Bestand, alle Zugänge und Abgänge, ausübt, kann für
den Stalldünger nicht, oder nur schwer geführt werden und ist auch
nicht notwendig. Es genügt hier eine Rechnung über die statt=
gehabte Verwendung. Nur das, was wirklich verwendet, aus der
Dungstätte ausgeführt worden ist, wird auch als seinerzeit ge=
wonnen betrachtet und auf seine Verwendung hin durch die Buchung
überwacht. — Auch für die käuflichen Düngemittel ist eine laufende
Rechnung, wie bei den übrigen Naturalien, meistens nicht not=

Name und Stallnummer	Abstammung { Vater / Mutter	Abzeichen	Gewicht im laufenden Jahre	Größe	gedeckt am	gedeckt am	gedeckt am	gekalbt am	(Geschlecht) / (Gewicht) } des Kalbes	Verwendung	Ausstellungspreise	Abgang	Bemerkungen	kg	Fett %	Laktations-Woche	kg	Fett %	Laktations-Woche	kg	Fett %	Laktations-Woche	kg	Fett %	Laktations-Woche	kg	Fett %	Laktations-Woche	kg	Fett %	Laktations-Woche u. s. w.

(linke Seite)

Nr. der Kuh

Name und Beschreibung	Jahr und Tag der Geburt	Abstammung	Körpermaße des ausgewachsenen Tieres		Nutzungsfähigkeit				
			Höhe	Gewicht kg	Gemolken Tage	Trocken Tage	Milch im ganzen l	Milch auf den Melktag l	Milch auf den Jahres- tag l

(rechte Seite)

Gedeckt Bulle	Tag	Gekalbt	Also tragend Tage	Ausstellungs- preise und sonstige Auszeichnungen	Gewicht bei der Geburt kg	Kalb			Sonstige Be- merkungen
						Geschlecht	Farbe und Abzeichen	Ver- wendung	

wendig, da größere Bestände an käuflichen Düngemitteln, deren Verwendung im voraus nicht zu bestimmen wäre, in der Regel nicht gelagert werden. Beim Ankauf dieser Dünge= mittel ist es daher meistens ebenfalls ausreichend, wenn nur über ihre Verwendung Rech= nung geführt wird. Da die Art der Verwendung aller Dünge= mittel dieselbe, nur der Ort ver= schieden ist, so kann für alle ein gemeinsames Dünger=Ausfuhr= oder Dünger = Verbrauchs=Re= gister nach nebenstehendem Muster geführt werden:

Die Menge des auf jeden Schlag verwendeten Düngers wird aus dem Dünger=Ausfuhr= Register in das Düngungs=, Bestellungs= und Ernte=Register übertragen.

b) Das Düngungs=, Be= stellungs= und Ernte=Register.

Dasselbe soll einen Über= blick über die Schicksale eines jeden Feldes geben, weshalb dasselbe auch Feld=Rechnung genannt wird. Aus demselben muß hervorgehen, mit welcher Frucht ein jedes Feld bestellt wurde, welche Frucht dasselbe im Vorjahre trug, was ihm an

Zeit der Düngung (Monat, Tg.)	Bezeichnung des Schlages	Größe (ha, a)	davon gedüngt (ha, a)	Ort der Düngung	Art des Düngers (Fuder à 1000 kg): Rindviehdung, Pferdedung, Schafdung, Schweinedung, gemischter D., Summe des Stalldüngers	(ebm, hl, kg): Kompost, Mergel, Soude, Superphosphat, Thomasschlacke, Chilisalpeter, Ammoniaksalz, Kainit	Schafpferch (100 Sch.×Nacht)	Bemerkungen

Dünger im ganzen zugeführt ist, welchen Gehalt an Pflanzen=
nährstoffen die verwendeten käuflichen Düngemittel enthielten,
wann und in welcher Weise die Bestellung erfolgte und was und
zu welcher Zeit geerntet wurde. In einer Spalte für Bemer=
kungen sind besondere Vorkommnisse zu vermerken. Über die statt=
gehabte Düngung giebt das Dünger=Ausfuhr=Register Aufschluß,
über die Ernte die Ernte= und Erdrusch=Rechnung des Naturalien=
buches. Die Angaben über die aufgewendeten Saatmengen sind
ebenfalls aus der Naturalien=Rechnung zu ersehen, für die übrigen
Angaben bedarf es besonderer Unterlagen nicht, da sie dem Land=
wirt bekannt sind.

(Siehe nebenstehende Tabelle.)

c) Die statische Rechnung.

Das Düngungs=, Bestellungs= und Ernte=Register gewährt
eine Übersicht über alle wichtigen Vorkommnisse eines Jahres auf
den einzelnen Feldern. Damit allein kann jedoch dem Landwirt
auf die Dauer nicht gedient sein. Er muß vielmehr mit Leichtigkeit
auch darüber einen Überblick erlangen können, was im Laufe aller
verflossenen Jahre mit jedem einzelnen Schlage vorgegangen ist.
Er muß wissen, was jeder Schlag im Laufe der Jahre an Düngung
erhalten, wie derselbe bearbeitet und bestellt wurde, was er an
Ernteerzeugnissen geliefert und welche besonderen Zufälle sich auf
ihm ereignet haben. Zu diesem Zwecke sind aus dem Düngungs=,
Bestellungs= und Ernte=Register jährlich die diesbezüglichen Angaben
für sämtliche Schläge in ein Buch zu übertragen, in welchem
jedem Schlage eine Doppelseite eingeräumt ist. Jeder Jahrgang
erhält hier blos eine oder wenige Zeilen, so daß für eine lange
Reihe von Jahren alle Schicksale eines Schlages aufgeführt werden
können. Außer einer Aufzählung der Angaben, die in dem
Düngungs=, Bestellungs= und Ernte=Register verzeichnet stehen,
muß hier aber gleichzeitig eine Verarbeitung derselben zu der
gewünschten Übersicht vorgenommen werden. In erster Reihe
interessiert es den Landwirt, was jedem Felde an Pflanzennähr=
stoffen einerseits durch die Ernte entzogen, andererseits durch die

linke Seite

Bezeichnung des Grundstückes	Nr.	Größe		Bestellte Frucht	Vorfrucht	Düngung (auf 1 ha Doppelzentner)							
						Stallmist Stalldünger u. f. w.				künstlicher Dünger			
		ha	a		zuletzt mit Stallmist gedüngt im Jahre?	Pferdedünger	Rindviehdünger	Schafdünger	u. f. w.	Art	darin enthalten		
											Stickstoff	Phosphor- saure	Kali
											Kilogramm		

rechte Seite

Bestellung					Ernte							Bemerkungen
Datum	Saatmenge		Pflugtiefe	Drill- weite, Säerad	Datum	Garben		Körner		Stroh 2c.		
	im ganzen	auf den ha				im ganzen ha	vom ha	im ganzen ha	vom ha	im ganzen ha	vom ha	
	Kilogramm					Doppelzentner						

Düngung wieder zugeführt worden ist. Durch Vergleich der diesbezüglichen Angaben mit den gewonnenen Ernten ist er imstande, unschätzbare Fingerzeige für die Düngung überhaupt wie für die der einzelnen Pflanzen im besonderen zu erhalten. Derartige von der Praxis gelieferte Unterlagen sind in hohem Maße geeignet, zur Lösung wissenschaftlicher Fragen beizutragen und haben das auch vielfach schon gethan. Dr. Schultz=Lupitz, der derartige statische Rechnungen seit einer langen Reihe von Jahren ausgeführt hat, verdankt einen großen Teil seiner außerordentlichen praktischen und wissenschaftlichen Erfolge seiner Buchführung, insbesondere seinen statischen Rechnungen.*) Das nachstehende Formular für eine derartige Rechnung hat der Verfasser nach den ihm von Dr. Schultz gütigst gemachten Angaben aufgestellt.

8. Das Lagerbuch.

Dasselbe soll alle diejenigen wichtigen Aufzeichnungen enthalten, welche für jeden Besitzer, auch kommender Generationen, von Interesse sind. Zu denselben gehört die schon erwähnte statische Übersicht, welche neben dem Einblick in die statischen Verhältnisse auch Auskunft über die Erträge der einzelnen Felder, die Hagel=, Insekten= und andere Schäden u. s. w. giebt, ferner die Zusammenstellung der zu den verschiedenen Jahreszeiten vorgenommenen Arbeiten, welche schon besprochen wurde. Vornehmlich gehört aber in das Lagerbuch eine eingehende Wirtschaftsbeschreibung und eine Gutskarte. Letztere kann zweckmäßigerweise auch jährlich aufgestellt und ins Lagerbuch verzeichnet werden, derart, daß die Grenzen eines jeden Feldes mit farbigen Linien ausgeführt werden, welche

---

*) Diese haben ihm, wie er selbst sagt, in erster Reihe den zahlenmäßigen Beweis für seine Vermutungen erbracht, daß die durch seine Wirtschaftsweise bewirkte Anreicherung des Bodens mit Stickstoff trotz des anfänglichen Widerspruchs der Wissenschaft auf den Anbau seiner Zwischenfrucht= und Gründüngungspflanzen zurückzuführen sei. Dr. Schultz betont mit Recht, daß dieser Teil der Buchführung ein selbständiger sein muß, und mit andern Aufzeichnungen, welche von bleibendem Interesse sind, am besten in einem besonderen Buche, dem Lagerbuch, vereint wird (s. d.).

Schlag Nr.
Größe

(linke Seite)

Jahrgang und Frucht	Bodenbearbeitung laut Bestellungs- Register	Düngung laut Dünger-Ver brauchs.Re gister	Darin enthalten (Löslich / Phosphor- saure / Kali) kg	Saatgut auf den Hektar im ganzen kg	Saaterfahren	Ernte laut Ernte-Register (Schock / Gar ben)	Davon laut Erdrusch.-Register im Durchschnitt (Körner / Stroh) kg

(rechte Seite)

Ernte von Hektar kg	Nährstoffentnahme durch die Ernte nach Abzug der Saatmenge (Löslich / Phosphor- saure / Kali) kg	Unterschied der Nähr- stoffmengen in Düngung und Ernte (mehr + ; weniger —) (Löslich / Phosphor- saure / Kali) kg	Bestand war (Löslich / Phosphor- saure / Kali) kg	Bestand bleibt (Löslich / Phosphor- saure / Kali) kg	Bemerkungen über Jahres- witterung, Frost, Hagel, Insektenschaden, Pflanzen- krankheiten u. s. w.

die Frucht bezeichnen, die das Feld in dem betreffenden Jahre trug. Auch Aufzeichnungen über die Preis= und Absatzverhältnisse finden zweckmäßigerweise als sogenannte Guts=Chronik eine Fest= legung im Lagerbuche.

9. Die Voranschläge.

Will der Landwirt die Zuversicht haben, daß der Lauf seines Betriebes während eines bevorstehenden Rechnungsjahres ungestört von statten geht, so muß er dafür sorgen, daß der Verbrauch seiner Vorräte richtig eingeteilt wird, daß z. B. das Futter nicht allein ausreicht, sondern auch so eingeteilt wird, daß eine möglichst zweckmäßige Verwendung desselben stattfindet. Er muß Sorge dafür tragen, daß seine Barmittel jederzeit zur Bestreitung der nötigen Ausgaben ausreichen u. s. w. Hierzu bedarf er einer Reihe von Rechnungen, welche die Verhältnisse eines kommenden Rechnungsjahres im voraus zu erwägen und zu ermessen suchen, die Voranschläge. Zu diesen gehören der Kulturplan, der Futter= voranschlag, der Naturalienvoranschlag und der Geldvoranschlag. Der weitaus wichtigste hiervon ist der Futtervoranschlag.

a) Der Kulturplan.

Derselbe umfaßt einen Voranschlag darüber, was in einem Wirtschaftsjahre auf den einzelnen Feldern an Früchten gebaut werden soll. Dementsprechend wird derselbe im Herbste vor Beginn der Bestellung aufgestellt und zwar für das ganze Ackerland.

Werden später Änderungen notwendig oder zweckmäßig, so ist für die Sommerfruchtbestellung im Frühjahr ein neuer Kulturplan erforderlich.

Aus der Fläche der mit den verschiedenen Früchten zu be= stellenden Felder ergiebt sich die erforderliche Saatgutmenge, welche zur Aufstellung des Naturalienvoranschlages bekannt sein muß.

b) Der Futtervoranschlag.

Derselbe wird zu einer Zeit aufgestellt, wo die Ernte größten= teils beendet ist. Der geeignetste Zeitpunkt, weil zugleich Quartal=

schluß, ist der erste Oktober. Etwaige noch nicht geerntete Mengen an Futterrüben und Futterkartoffeln müssen auf dem Felde geschätzt werden; die Mengen der bereits geernteten Getreidevorräte u. s. w. müssen bereits bei der Ernte soweit genau ermittelt sein, daß die vorhandenen Mengen an Stroh, Spreu und Körnern annähernd bekannt sind. Da ihr gegenseitiges Verhältnis jedoch nach der Länge des Strohes, der Größe der Ähren u. s. w. verschieden ist, so mag als Anhalt zur gesonderten Berechnung derselben die folgende Tabelle dienen.

Von je 100 kg Garben rechnet man im Durchschnitt:

Fruchtart	Korn in kg	Hinterkorn in % vom Korn	Stroh in kg	Verhältnis Korn:Stroh=	Spreu in % vom Stroh
Weizen	30—40	5—10	60—70	2 : 3	11—16
Roggen	25—35	5—6	65—75	7 : 10	5—6
Gerste	35—45	5—8	55—65	3 : 5	16—18
Hafer	30—40	5	60—70	2 : 3	9
Hülsenfrüchte . .	20—25	5	75—80	3 : 4	25—30

Ist festgestellt, was an Heu, Stroh, Spreu, Schoten, Futterrüben und anderen Futtermitteln zur Verfügung steht, so werden darauf zunächst die vorhandenen Viehgattungen und die in jeder derselben vorhandene Menge an Lebendgewicht nach Schätzung oder Wägung aufgeführt.

Alsdann wird für jede dieser Viehgattungen die voraussichtliche Dauer der Winterfütterung bezw. die Jahresfütterung ermittelt und, sofern innerhalb dieser Zeit merkliche Unterschiede in der Lebensweise und damit auch in der Art der Ernährung zu erwarten sind, wird auch noch angegeben, wieviel Tage die Tiere bei dieser, wieviel sie bei jener Lebensweise ernährt werden sollen. Dies gilt besonders für die Zugochsen bei Stallruhe und Arbeit.

Es wird dann weiter für jede dieser Tiergattungen und ver-

schiedenen Fütterungsperioden aufgeführt, was 1000 Pfd. Lebend=
gewicht an Nährstoffen im Durchschnitt nach den bisherigen Er=
fahrungen und wissenschaftlichen Untersuchungen nötig haben, um
den an sie gestellten Anforderungen zu entsprechen, und mit welchen
Futtermitteln dieser Bedarf gedeckt werden kann.   Dabei sind zu=
nächst die vorhandenen Futtermittel der Erfahrung gemäß in
die Rechnung einzusetzen und dann der Gehalt dieser so gebildeten
Futterration zu prüfen, ob und wieweit derselbe den Anforderungen
genügt.   Durch Hinzufügen dieses oder jenes Futtermittels, welches
reich an einem der etwa fehlenden Nährstoffe ist und durch Fort=
nahme eines Teiles derjenigen Futtermittel, die reich an einem im
Überschuß vorhandenen Stoffe sind, läßt sich alsdann die richtige
Ration finden.

Die nebenstehende (Seite 83) Rechnung, welche einen Futter=
voranschlag für die Zugochsen darstellt, mag das Gesagte ver=
anschaulichen.   Bei allen derartigen Rechnungen sind stets nur
verdauliche Nährstoffmengen zu berücksichtigen.

Diese Ration genügt mindestens den gestellten Ansprüchen, ist
vielleicht schon etwas reichlich bemessen.   Legen wir dieselbe der
Berechnung zu Grunde, so ergiebt sich ein Bedarf an Futter von:

Futterart	Auf 1000 Pfd. Lebend= gewicht täglich	Pro Stück von 1450 Pfd. Lebend= gewicht täglich	Pro Stück und 100 Tage	Für 6 Stück und 100 Tage
Sommerstroh . .	6 Pfd.	8,7 Pfd.	8,7 Ctr.	52,2 Ctr.
Winterstroh . .	4 „	5,8 „	5,8 „	34,8 „
Wiesenheu . . .	8 „	11,6 „	11,6 „	69,6 „
Schnitzel	16 „	23,2 „	23,2 „	139,2 „
Pülpe	16 „	23,2 „	23,2 „	139,2 „
Weizenkleie . . .	2 „	2,9 „	2,9 „	17,4 „
Rapskuchen . .	$\frac{1}{2}$ „	0,72 „	0,72 „	4,3 „
Streustroh . . .	6 „	8,7 „	8,7 „	52,2 „

Die Berechnung für den Bedarf bei mittlerer Arbeit stellt sich
demnach folgendermaßen (s. Seite 84):

Futtervoranschlag für die Zugochsen (6 Stück zu 1450 Pfd. Lebendgewicht).
A. 100 Tage bei wenig Arbeit.

Nach Wolff bedarf ein Ochse von 1000 Pfd. Lebendgewicht bei wenig Arbeit an verdaulicher Substanz täglich: . . . .

	Organische Substanz 20 Pfd.	Nh 1,0 Pfd.	Nf 9,5 Pfd.	Rohfaser	Fett 0,2 Pfd.

Zunächst wird eine Ration von 6 Pfd. Sommerstroh, 4 Pfd. Winterstroh, 8 Pfd. Wiesenheu, 16 Pfd. Schnitzel und 16 Pfd. Pülpe als passend angenommen. Die Pülpe soll uns aus einer nahen Stärkefabrik während der Kampagne billig zur Verfügung stehen, so daß eine Verwendung derselben sofort mit in den Voranschlag aufgenommen werden kann.

Zunächst angenommene Ration

Gewicht Pfd.	Futterart	Organische Substanz	Nh	Nfr	Rohfaser	Fett		Organische Substanz	Nh	Nf	Rohfaser	Fett
		Prozentgehalt an verdaulichen Nährstoffen						Gehalt in der zu verabreichenden Ration:				
6	Sommerstroh . .	81,6	1,4	17,7	22,7	0,6		4,896	0,084	1,062	1,362	0,036
4	Winterstroh . .	80,9	0,8	12,9	23,1	0,4		3,236	0,032	0,516	0,924	0,016
8	Wiesenheu . . .	79,5	5,4	25,7	15,0	1,0		6,360	0,432	2,056	1,200	0,080
16	Schnitzel . . .	5,6	0,3	3,0	1,2	0,1		0,896	0,048	0,480	0,192	0,016
16	Pülpe.	13,6	0,8	11,7	1,0	0,1		2,176	0,128	1,872	0,160	0,016
	zusammen							17,564	0,724	5,986	3,838	0,164
										9,824		

Da hiermit der Nährstoffbedarf nicht erreicht ist, setzen wir noch hinzu:

Gewicht Pfd.	Futterart	Organische Substanz	Nh	Nfr	Rohfaser	Fett		Organische Substanz	Nh	Nf	Rohfaser	Fett
2	Weizenkleie . .	83,8	11,0	44,8	2,4	2,9		1,676	0,220	0,896	0,048	0,058
1/2	Rapskuchen . .	81,9	24,9	22,9	0,9	7,6		0,409	0,124	0,114	0,004	0,038
	so daß die Ration enthält:							19,649	1,068	6,996	3,890	0,260
										10,886		

6*

B. 265 Tage bei mittlerer Arbeit.

	Organische Substanz Pfd.	Nh Pfd.	Nfr Pfd.	Rohfaser Pfd.	Fett Pfd.
Nach Wolff bedarf ein Ochse von 1000 Pfd. Lebendgewicht an verdaulicher Substanz täglich bei mittlerer Arbeit .	24,000	1,600	11,300		0,300
Die Ration für wenig Arbeit enthielt reichlich bemessen . .	19,649	1,068	6,996	3,890	0,260

(6,996 + 3,890 = 10,886)

Gewicht Pfd.	Versuchsweise wird zu-gesetzt Futterart	Prozentgehalt an verdaulichen Nährstoffen					Organische Substanz Pfd.	Nh Pfd.	Nfr Pfd.	Rohfaser Pfd.	Fett Pfd.
		Orga-nische Sub-stanz	Nh	Nfr	Roh-faser	Fett					
2	Weizenkleie . .	83,8	11,0	44,8	2,4	2,9	1,676	0,220	0,896	0,048	0,058
1	Palmfernmehl .	85,5	16,6	41,4	16,6	3,6	0,855	0,166	0,414	0,166	0,036
2	Winterstroh .	80,9	0,8	12,9	23,1	0,4	1,618	0,016	0,258	0,462	0,008

So daß die Futterration enthält   23,798 | 1,470 | 8,546 | 4,566 | 0,362

(8,546 + 4,566 = 13,130)

Nehmen wir an, daß auch diese Ration den praktischen An=
forderungen zur Genüge entspräche, so berechnet sich der Bedarf
an Futter für 265 Tage bei mittlerer Arbeit.

Fruchtart	auf Tag und 1000 Pfd. Lebend- gewicht	auf Tag und 1450 Pfd. Lebend- gewicht	für 265 Tage und 1 Stück	für 265 Tage und 6 Stück
Sommerstroh . .	6,00 Pfd.	8,70 Pfd.	23,05 Ctr.	138,30 Ctr.
Winterstroh . .	6,00 "	8,70 "	23,05 "	138,30 "
Heu	8,00 "	11,60 "	30,74 "	184,44 "
Schnitzel	16,00 "	23,20 "	61,48 "	368,88 "
			(165 Tage)	
Pülpe	16,00 "	23,20 "	15,08 Ctr.	90,48 "
Weizenkleie . . .	4,00 "	5,80 "	15,37 "	92,22 "
Rapskuchen . .	0,50 "	0,72 "	1,90 "	11,40 "
Palmkernkuchen.	1,00 "	1,45 "	3,84 "	23,04 "
Streustroh . . .	6,00 "	8,70 "	23,05 "	138,30 "

	Orga- nische Substanz	Nh	Nfr	Roh- faser	Fett
Für den Ausfall von Pülpe auf 200 Tage, welche an Nährstoffen in der täglichen Ration von 16 Pfd. .	2,176	0,128	1,872	0,160	0,016
enthält, nehmen wir 2 Pfd. Winterstroh	1,618	0,016	0,258	0,462	0,008
1 " Weizenkleie	0,838	0,110	0,448	0,024	0,029
welche an Nährstoffen zusammen ent= halten	2,456	0,126	0,706	0,486	0,037

Wir könnten die Pülpe auch durch 3 Pfd. Wiesenheu auf
1000 Pfd. Lebendgewicht ersetzen, das gäbe aufs Stück von 1450 Pfd.
Lebendgewicht 4,35 Pfd.

Diese 3 Pfd. Wiesenheu enthalten .	2,385	0,162	0,771	0,450	0,003

Zu obigem Hauptbedarf kämen alsdann noch hinzu
auf 1 Stück und 200 Tage 8,70 Ctr.
" 6 " " 200 " 52,20 " u. s. w.

In allen Fällen ist zunächst stets der Bedarf für die Zugtiere
festzustellen, da die Zahl derselben auch in schlechten Futterjahren

eine unabänderliche ist. Ist der Futterbedarf für diese ermittelt, so ergiebt sich durch Abzug desselben von der geernteten Menge der für die Nutztiere noch verfügbare Rest.

Aus dem gesamten Bedarf an Futter ergiebt sich alsdann, was an Kraftfutter etwa zugekauft werden muß, was an selbst= erzeugten Futtermitteln, Kartoffeln, Hafer u. s. w. zum Verkauf übrig bleibt.

Diese Angaben sind für die Aufstellung des Naturalien= und Geld=Voranschlages notwendig.

c) Der Naturalien-Voranschlag.

Derselbe soll einen Überblick über alle im Laufe eines Rechnungs= jahres voraussichtlich einzunehmenden und auszugebenden Naturalien geben. Als Unterlagen dienen für denselben die bereits erwähnten Ernte=Schätzungen. Die einzelnen hierbei in Betracht kommenden Mengen werden zweckmäßigerweise links auf einer Doppelseite in einer senkrechten Spalte namentlich aufgeführt. In einer zweiten Spalte wird die voraussichtlich geerntete bezw. noch zu erntende Menge derselben angegeben und endlich in einer dritten das, was noch am 1. Juli bei der letzten Inventur vorhanden war. Dann folgt eine Spalte für die Summe aller dieser Einnahmen. Während die drei folgenden Spalten zunächst frei bleiben, wird in den darauf folgenden angegeben, was laut Futter=Voranschlag an Futter, laut Kulturplan an Saatgut, laut Schätzung für den Haushalt, laut Lohn und Deputat=Register als Deputat u. s. w. erforderlich ist; ferner muß in einer Spalte angegeben werden, was seit der Inventur von den damals vorhandenen Beständen bereits ver= ausgabt ist. Hierauf wird in die erste der drei freigelassenen Spalten die Summe der voraussichtlichen bezw. stattgehabten Ausgaben neben die Summe der voraussichtlichen Einnahmen ein= getragen. Durch Vergleich mit der Summe der Einnahmen er= giebt sich dann ohne weiteres, was zum Verkauf übrig bleibt und was noch zuzukaufen ist. Für diese Angaben sind die beiden letzten Spalten freigeblieben. Das Nähere ergiebt sich aus nach= stehendem Formular.

(linke Seite)

Art des Naturals	Bestand am 1. Juli	außerdem geerntet bezw. noch zu ernten	(ev. anderweitige Einnahmen)	Summe der voraussichtlichen Einnahmen	Summe der voraussichtlichen Ausgaben laut Voranschlag	bleibt zum Verkauf	ist noch zuzukaufen
		•					

(rechte Seite)

zur Saat laut Kulturplan	zu Futter laut Futtervoranschlag	zu Deputat	an den Verpächter	für den Haushalt	u. s. w.

d. Der Geld=Voranschlag.

Als Grundlage für die vorläufige Veranschlagung der voraus=
sichtlich einzunehmenden und auszugebenden Barmittel — des
Geld=Voranschlages — dient in erster Reihe der Naturalien=Vor=
anschlag. Letzterer zeigt, welche Mengen der verschiedenen Naturalien
zum Verkauf gelangen können, und welche zuzukaufen sind.
Weiter können mit Hilfe der bisher geführten Kassenbücher, Lohn=
rechnungen und auf Grund von Erwägungen Aufstellungen
darüber gemacht werden, wie sich die übrigen Einnahmen und
Ausgaben voraussichtlich gestalten werden. Auch der Geld=Vor=
anschlag muß eine Einnahme= und eine Ausgabe=Seite aufweisen.

Auf der Einnahme=Seite sind einzutragen der Kassenbestand,
die noch ausstehenden Beträge, wie sie das Abrechnungsbuch nach=
weist, die Einnahmen, welche durch Verkauf der Naturalien laut
Naturalien=Voranschlag zu erwarten sind, die zu erwartenden
Einnahmen aus den verschiedenen Zweigen der Viehhaltung, vor=
nehmlich nach den Vorjahren unter Berücksichtigung der voraus=
sichtlichen Verhältnisse veranschlagt, etwaige Einnahmen aus
Kapitalvermögen, verpachteten Ländereien, Nebengewerben u. dergl.

Auf der Ausgaben=Seite müssen sämtliche zu erwartenden
Ausgaben eingetragen werden, für Saatgut, Futtermittel, Dünge=
mittel, Brennmaterialien, Löhne, Gehälter, Unterhaltung der
Gerätschaften, Maschinen, Gebäude, Neuanschaffungen von Vieh,
allgemeine Wirtschaftskosten wie Steuern, Arzt, Apotheker u. s. w.,
noch ausstehende Zahlungen und unvorhergesehene Ausgaben.
Da, wo eine gemeinsame Kasse für Wirtschaft und Herrschaft ge=
führt wird, ist es zweckmäßig, den Geld=Voranschlag auch auf
beide Teile gemeinsam auszudehnen. Das Formular für den Geld=
Voranschlag kann ein sehr einfaches sein.

I. Zu erwartende Einnahmen	Geldbetrag Mk. Pf.	II. Zu erwartende Ausgaben.	Geldbetrag Mk. Pf.

B. Die systematische Buchführung.

I. Die Geldrechnung.

1. Die Rechnung über die baren Einnahmen und Ausgaben.

Bei der bislang besprochenen Art der Geldverteilung wurden die in der Kassenrechnung als Einnahmen verzeichneten Beträge auf die Verteilungsspalten oder Verteilungsseiten der besonderen Rechnungen (Sonderrechnungen) derjenigen Wirtschaftszweige verteilt, aus denen die Einnahmen stammten, und in derselben Weise die Ausgaben auf die Sonderrechnungen derjenigen Zweige, welche diese notwendig machten. Die einzelnen Sonderrechnungen, auf welche die Kassen-Einnahmen verteilt wurden, bezeichneten also die Quellen, aus denen sie stammten, diejenigen, auf welche die Kassen-Ausgaben verteilt wurden, dagegen die Verwendung derselben. Die Einnahmen der Kasse sind Einnahmen aus einem Zweige des Betriebes, die Ausgaben der Kasse sind Ausgaben für einen Zweig desselben, das ist die Betrachtungsweise, die dieser Geldverteilungsrechnung zu Grunde liegt.

Statt dieser Betrachtungsweise ist aber auch eine andere möglich. Wir können sagen, daß alle Beträge, welche die Kasse vereinnahmt, von der Kassenrechnung empfangen werden und daß dieselben ihr von irgend einem Zweige der Wirtschaft oder von dem Besitzer geliefert sein müssen. Ebenso können wir sagen, daß alle Beträge, welche die Kasse verausgabt, von der Kassenrechnung geliefert werden und zwar entweder für einen Zweig der Wirt=

ſchaft oder für den Beſitzer, jenachdem wer die betreffenden Be=
träge empfängt.

Am beſten denkt man ſich zum Verſtändnis dieſes die Kaſſen=
rechnung als den Kaſſierer, die Sonderrechnungen der Wirtſchafts=
zweige als Verwalter der letzteren. Der Kaſſierer, die Kaſſenrechnung,
nimmt alle Einnahmen für die Kaſſe in Empfang, behält dieſelben in
Verwaltung, liefert dagegen alle Ausgaben der Kaſſe. Die Ver=
walter der Wirtſchaftszweige, ihre Sonderrechnungen (Conten)
nehmen alles in Empfang, was ihnen von der Kaſſe geliefert
wird, und liefern alles an die Kaſſe, was dieſe von ihnen erhält.

Überſchreiben wir dementſprechend die Einnahme=Seite der
Kaſſenrechnung mit „Kaſſe erhält oder empfängt‟, ſo müſſen alle
hier zu verzeichnenden Beträge von einer anderen Sonderrechnung
geliefert ſein und dieſe muß als Lieferant bezeichnet werden.
Überſchreiben wir die Ausgabe=Seite der Kaſſenrechnung mit
„Kaſſe liefert‟, ſo müſſen alle hier verzeichneten Beträge von einer
anderen Sonderrechnung empfangen ſein und dieſe muß als Empfänger
bezeichnet werden.   Bei einer Verteilung der von der Kaſſen=
rechnung empfangenen Beträge auf die Sonderrechnungen, müſſen
dieſe dementſprechend als Lieferanten der Kaſſe auftreten und die
gelieferten Beträge auf einer Lieferungsſeite ihrer eigenen Rechnungen
verzeichnet werden.   Bei der Verteilung der von der Kaſſenrechnung
gelieferten Beträge treten die Sonderrechnungen dagegen ſtets als
Empfänger auf: es müſſen daher die betreffenden Beträge, - als
aus der Kaſſe empfangen, auf einer ihrer Empfangsſeiten verbucht
werden.

Bei einer Verteilung der Kaſſen=Einnahme=Beträge ändert
ſich alſo, ſobald wir die Einnahme=Beträge als von der Kaſſe
empfangen bezeichnen, auch die Bezeichnung der Beträge auf den
Sonderrechnungen.   Während wir früher z. B. in unſerem ein=
fachſten Kaſſenbuche mit nur drei Verteilungsſpalten für „Privat‟,
„gemeinſame Beköſtigung‟ und „Wirtſchaft‟ ein Formular mit
folgenden Überſchriften erhielten (ſiehe nebenſtehende Tabelle),

Eine gleiche Änderung der Bezeichnungen muß im Ausgabe=
teil des Kaſſenbuches vorgenommen werden.   Während hier die

Monat	Tag	Bezeichnung der Einnahme	Beleg Nr.	Einnahmen für die Kasse Mk.	Pf.	Die Einnahmen stammen aus der Rechnung für					
						Privat Mk.	Pf.	gemeinsame Betätigung Mk.	Pf.	Wirtschaft Mk.	Pf.
Septbr.	1	Übertrag		1623	70	500	—	—	—	1123	70
	4.	für verkaufte 10 Ferkel		150	—	—	—	—	—	150	—
	15.	für gelieferte Milch laut Abrechnung mit der Molkerei		306	20	—	—	—	—	306	20
		zu übertragen		2079	90	500	—	—	—	1579	90

müssen wir jetzt folgende Änderungen in den überschriften vornehmen:

Monat	Tag	Bezeichnung	Beleg Nr.	Die Kasse erhält Mk.	Pf.	Die Beträge werden geliefert von den Sonderrechnungen					
						Privat Mk.	Pf.	gemeinsame Bewirtschaftung Mk.	Pf.	Wirtschaft Mk.	Pf.
Septbr.	1.	Übertrag		1623	70	500	—	—	—	1123	70
		10 verkaufte Ferkel		150	—	—	—	—	—	150	—
		gelieferte Milch laut Abrechnung mit der Molkerei		306	20	—	—	—	—	306	20
		zu übertragen		2079	90	500	—	—	—	1579	90

Kasse liefert, müssen die Sonderrechnungen die gelieferten Beträge erhalten. Hierbei kommt aber zu diesen Änderungen der Bezeichnung noch eine weitere hinzu.

Es ist nämlich ein alter Brauch der systematischen Buchhaltung, wie wir die in Rede stehende Form von nun an nennen wollen, diejenigen Spalten oder Seiten, welche empfangen, stets links, diejenigen, welche liefern, stets rechts auf einem Buchblatte unterzubringen. Demnach ist also die obige Anordnung im Einnahmeteil unserer Geldrechnung richtig, denn die Kassenrechnung, welche erhält, steht links von den Sonderrechnungen, welche liefern. Im Ausgabeteil dagegen ändert sich die Sache. Hier dürfen wir nicht mehr wie früher

Monat Tag	Bezeichnung der Ausgabe	Belag	Ausgaben der Kasse Mk. Pf.	Die Ausgaben der Kasse sind gemacht für die Sonderrechnungen:		
				Privat Mk. Pf.	gemeinsame Beköstigung Mk. Pf.	Wirtschaft Mk. Pf.

die eigentliche Kassenrechnung links, und die Verteilungsrechnungen rechts davon unterbringen, sondern wir müssen nunmehr folgende Anordnung wählen:

Monat Tag	Bezeichnung	Es erhalten die Sonderrechnungen			Belag	Die Kasse liefert
		Wirtschaft Mk. Pf.	gemeinsame Beköstigung Mk. Pf.	Privat Mk. Pf.		Mk. Pf.

Bei einer größeren Anzahl von Sonderrechnungen muß das Formular dementsprechend für die Geldrechnung und Geldverteilung bei der systematischen Buchführung nachstehende Form erhalten:

Sonderrechnungen, welche liefern

Datum	Bezeichnung	Belag	Die Kasse erhält Mk. Pf.					
			300		180	300		
			180	6	180			
			1227				1227	
			6					
			18					18
			1731	9	180	300	1227	18

Sonderrechnungen, welche erhalten

Datum	Bezeichnung			Belag	Die Kasse liefert Mk. Pf.
		226			226
			976		976
			134		11
			17		134
		226	976	151	17
				11	1364
				1364	

Das letzte Beiſpiel zeigt gleichzeitig, wie die Summe der von der Kaſſe erhaltenen Beträge gleich ſein muß der Summe der Beträge, welche die Sonderrechnungen der Kaſſen geliefert haben und umgekehrt, wie die Summe der von der Kaſſe gelieferten Beträge gleich ſein muß der Summe der von den Sonder= rechnungen erhaltenen. Natürlich müſſen auch die Summen beider gleichen Summen gleich ſein, d. h., auch die Summen aller er= haltenen und aller gelieferten Beträge der Geldverteilungs= und Kaſſenrechnung ſind einander gleich. Wir kommen hierauf noch zurück.

Betrachten wir nun, wie ſich die Geldverteilung geſtalten muß, wenn dieſelbe nicht in den Verteilungsſpalten des Kaſſenbuches ſelbſt vorgenommen werden ſoll, ſondern auf den Seiten eines beſonderen Geldverteilungsbuches, in welchem jeder Sonderrechnung eine Doppelſeite eingeräumt iſt. Es kann ſich dadurch an der Sache ſelbſt nichts ändern. Was die Kaſſe erhalten, muß irgend eine Sonderrechnung geliefert haben, nur daß jetzt der Betrag nicht in eine Lieferungs=Spalte der Sonderrechnung im kombinierten Kaſſenbuch und Geldverteilungsbuch einzutragen iſt, ſondern auf einer eigenen Lieferungs=Seite des beſonderen Geldverteilungs= buches. Dieſe Seite iſt alſo bei der Verteilung der von der Kaſſe erhaltenen Beträge für jede Sonderrechnung, welche lieferte, aufzuſchlagen und der von ihr gelieferte Betrag auf ihr ein= zutragen. Umgekehrt iſt es bei den von der Kaſſe gelieferten Beträgen. Dieſe müſſen bei der Geldverteilung auf der Empfangs= ſeite der Sonderrechnungen des Verteilungsbuches verzeichnet werden, ebenſo wie ſie vordem auf die Empfangsſpalten verteilt wurden. Jede Sonderrechnung des Geldverteilungsbuches erhält alſo eine Empfangsſeite und eine Lieferungsſeite und zwar wird auch hier erſtere ſtets links, letztere ſtets rechts geſtellt, derart, daß beide genannten Seiten einer Sonderrechnung ſtets dieſelbe Doppel= ſeite einnehmen.

Die Verteilungsſpalte einer jeden Sonderrechnung aus dem Einnahme= und Ausgabeteil des Kaſſen= und Geldverteilungsbuches wird aus letzterem fortgelaſſen und beide werden, nachdem ſie zu einer Seite erweitert sind, zu einer Doppelseite des besonderen Geldverteilungsbuches zusammengestellt. Da hierbei im Kassenbuche alle Geldverteilungsspalten fortfallen, im Empfangs= und Lieferungs= teil daher nur die Zeit=, Text=, Belag= und Betragspalten übrig bleiben, werden Empfangs= und Lieferungseite auch hier zu einer Doppelseite vereint.

Da als Empfangsseite stets die linke, als Lieferungsseite stets die rechte Hälfte einer Doppelseite eingerichtet wird, so erscheinen nach der Geldverteilung alle von der Kasse empfangenen, also in der Kassenrechnung links verzeichneten Beträge auf den rechts stehenden Lieferungsseiten der Sonderrechnungen. Alle Beträge dagegen, welche die Kasse lieferte, die in der Kassenrechnung also rechts verzeichnet sind, müssen nach der Verteilung sämtlich auf die links stehenden Empfangsseiten der Sonderrechnungen über= tragen sein.

Um nach erfolgter Geldverteilung nachsehen zu können, von welcher Seite des Kassenbuches ein Buchungsposten übertragen worden ist, ist im Geldverteilungsbuche bei jedem Betrage die Seite des Kassenbuches mitanzugeben, indem man ihre Nummer in eine besondere schmale Spalte einträgt, die wir mit „Über= trag von Seite" bezeichnen wollen. Um auch im Kassenbuche sehen zu können, ob und wohin ein Buchungsposten übertragen worden ist, wird hier eine Übertragspalte eingerichtet, in welcher die Nummer der Seite vermerkt wird, auf die der Posten übertragen ist. Diese wird mit „Übertrag nach Seite" überschrieben.

Kassenbuch und Geldverteilungsbuch erhalten demzufolge nach= stehende Einrichtung. (Siehe Tabelle Seite 96).

Es sei hier besonders darauf aufmerksam gemacht, daß in der ganzen Buchführung jede einzelne Seite sämtlicher Bücher ihre be= sondere fortlaufende Nummer erhalten muß, und daß man nicht, wie vielfach üblich, beiden Seiten einer Doppelseite dieselbe Nummer geben darf. Mit Seite 1 muß dabei stets die erste linke, mit Seite 2 die erste rechte Seite eines jeden Buches bezeichnet werden. Auf diese Weise erhalten alle linken Seiten eine ungerade, alle rechten eine gerade Seitennummer. Bei den Übertragungen aus

Kaſſenbuch

2

Kaſſe liefert

Monat Tag	Bezeichnung	Beleg	Betrag Mk.	Pf.	Übertrag nach Seite

Kaſſe erhält

Monat Tag	Bezeichnung	Beleg	Betrag Mk.	Pf.	Übertrag nach Seite

1

Geldverteilungsbuch

Sonderrechnung X liefert

Monat Tag	Bezeichnung	Übertrag von Seite	Betrag Mk.	Pf.

Sonderrechnung X erhält

Monat Tag	Bezeichnung	Übertrag von Seite	Betrag Mk.	Pf.

dem Kassenbuche kommen die hier links auf der Empfangs-Seite
verbuchten Beträge auf die Lieferungs-Seiten des Verteilungsbuches zu stehen, sie stammen also alle von Seiten, die mit einer
ungeraden Ziffer versehen sind, und werden aus dem Kassenbuche stets auf eine Seite übertragen, die eine gerade Ziffer
hat. Umgekehrt ist es bei den von den Lieferungs-Seiten des
Kassenbuches zu übertragenden Buchungsposten.

Alle Übertragungsvermerke auf linken Buchseiten müssen also
gerade, alle Übertragungsvermerke auf rechten dagegen ungerade
Ziffern aufweisen. Es liegt hierin eine wertvolle Kontrolle für die
Richtigkeit der Übertragungen.

Sind aus dem Kassenbuche alle Übertragungen in das Ver-
teilungsbuch gemacht, bezw. sind da, wo nur Verteilungsspalten
benutzt werden, diese bis zum Jahresschluß ausgefüllt, so zeigen
die Summen der Verteilungsseiten bezw. Verteilungsspalten links,
was jede Sonderrechnung an Geldwertsbeträgen aus der Kasse empfangen, rechts, was jede Sonderrechnung der Kasse an Geldwertsbeträgen geliefert hat. Mithin ist für jede Sonderrechnung ersichtlich,
ob und gegebenenfalls wieviel sie von der Kasse an Geldwertsbeträgen mehr erhalten, als ihr geliefert hat, oder ob und wieviel
sie mehr lieferte als sie erhielt.

Einen Überschuß auf der Empfangsseite wollen wir Empfangs-
Überschuß, einen solchen auf der Lieferungsseite Lieferungs-Überschuß nennen.

Was die Kasse von den Sonderrechnungen der Wirtschaft empfängt, ist Gewinn für den Besitzer, was sie ihnen liefert ist Aufwand für dieselben. Was sie mehr empfängt als sie lieferte, ist reiner
Geldgewinn. Je größer dieser Empfangs-Überschuß der Kasse ist,
desto größer ist der Geldgewinn für den Besitzer. Anders dagegen
bei den Sonderrechnungen der Wirtschaft; hier mehrt den Gewinn
des Besitzers alles, was dieselben an Geldwert der Kasse liefern,
mindert ihn dagegen alles, was sie an Geldwert von der Kasse
empfangen.

Was die Sonderrechnungen der Wirtschaft an die Kasse ab-
liefern, geht aus der Wirtschaft heraus und wird für den Besitzer

von der Kasse in Empfang genommen, muß also für diesen Ge=
winn sein, was die Sonderrechnungen durch die Kassenrechnung
empfangen, geht dagegen von außen in die Wirtschaft hinein, wird
von der Wirtschaftskasse des Besitzers an die Wirtschaft geliefert,
muß daher einen Aufwand für dieselbe, einen zur Erzielung von
Gewinnen gemachten einstweiligen Verlust des Besitzers darstellen.

Es geht hieraus hervor, daß die Kassenrechnung gewissermaßen
ein Stellvertreter des Besitzers ist, welcher den Verkehr zwischen
ihm und der Wirtschaft vermittelt. Auf die zu einer Wirtschaft ge=
hörenden Teile kann niemand Anspruch haben als der Besitzer.
Wird etwas verkauft, so kann auch nur er Empfänger der erzielten
Geldwertsbeträge sein. Die Kasse nimmt dieselben für ihn in
Empfang. Wird etwas für die Wirtschaft gekauft, so muß auch
der Besitzer der Lieferant der erforderlichen Geldwertsbeträge sein,
er liefert sie mit Hilfe seines Stellvertreters, der Kasse, an die ein=
zelnen Wirtschaftszweige und zwar gleichfalls an deren Verwalter,
die Sonderrechnungen, ab. Ein anderer Lieferant wie der Besitzer
ist nicht denkbar, denn niemand kann außer ihm ein Interesse daran
haben, der Wirtschaft Geldwertsbeträge zuzuführen. Man darf sich
hierbei nicht dadurch irre machen lassen, daß bei Einkäufen für
die Wirtschaft scheinbar der Verkäufer der Lieferant ist. Dieser
liefert ja doch nur die gekauften Gegenstände, niemals aber die
Geldwertsbeträge, die allein die Buchführung interessieren. Die
Geldwertsbeträge für die gekauften Gegenstände liefert die Kasse
als Stellvertreter des Besitzers, sie ist also der Lieferant. — Ebenso
ist es bei Verkäufen. Derjenige, dem etwas verkauft wird, empfängt
nur die verkauften Gegenstände und liefert dafür einen Geldwert
in gleichem Betrage; mit ihm hat die Buchführung nichts zu thun
(bezüglich der Schuldenrechnung s. weiter unten), für sie „liefert"
vielmehr einzig und allein die Sonderrechnung, welche die Geld=
wertsbeträge hergiebt; für sie „empfängt" die Kassenrechnung, welche
die Ansprüche des Besitzers an alles geltend macht, was die
Wirtschaft auf dem Wege des Verkaufes verläßt, und allen An=
sprüchen gerecht wird, die dem Besitzer durch Einkauf von Gütern
erwachsen.

Die Kassenrechnung erhält von dem Besitzer am Anfang des Jahres einen Kassenbestand geliefert, sie empfängt denselben und wird für ihn verantwortlich gemacht. Alles, was sodann die Kassen= rechnung im Laufe des Rechnungsjahres weiter erhält, erhöht die Summe, für welche sie verantwortlich ist, alles, was sie liefert, vermindert diese Summe und damit die Verantwortlichkeit selbst, sofern sie die Verwendung der gelieferten Beträge als richtig nachweisen kann. Am Schlusse des Jahres liefert sie Rechenschaft ab und giebt den noch vorhandenen Bestand an den Besitzer zurück. Sofern die Kassenrechnung nur für die Wirtschaft geführt wird und mit dem Besitzer im Laufe des Rechnungsjahres nicht in Beziehung tritt, stellt der Empfangsüberschuß am Schlusse des Jahres den Geld= ertrag der Wirtschaft dar. Dort dagegen, wo eine gemeinsame Kasse für „Wirtschaft" und „Privat" geführt wird, kann eine Rück= lieferung eines Teiles des überkommenen Bestandes oder der von den Sonderrechnungen der Wirtschaft an die Kasse gelieferten Be= träge schon vor Jahresschluß statthaben, indem der „Privat"= Rechnung, welche in der Buchführung den Besitzer selbst darstellt, bares Geld überwiesen wird, oder indem die Kasse Beträge zum Ankauf von Gegenständen für die privaten Zwecke des Besitzers liefert. In gleicher Weise kann hier der Besitzer der Kasse außer dem ihr am Anfang des Jahres aus seinen privaten Mitteln über= wiesenem Bestande, neuerdings auch innerhalb des Rechnungs= jahres Beträge überweisen. Erstere liefert die Kasse an die Sonder= rechnung „Privat", letztere empfängt sie von derselben. Bei der Geldverteilung sind also alle von der Kasse für „Privat" ge= lieferten und von der Kasse von Privat empfangenen Beträge auf diese Sonderrechnung zu übertragen, geradeso wie die übrigen Beträge auf die Sonderrechnungen der Wirtschaft.

Wird das von der Kasse an „Privat" bereits Abgelieferte von den von der Kasse überhaupt gelieferten Beträgen wieder abge= zogen, ebenso das von „Privat" Empfangene von den überhaupt von der Kasse empfangenen Beträgen, so erhalten wir das, was die Wirtschaft an Geldbeträgen überhaupt geliefert und empfangen hat. Ein Empfangsüberschuß stellt dabei den Geldertrag der

7*

Wirtschaft dar, wogegen ein Lieferungsüberschuß nachweisen würde, wieviel der Wirtschaft an Geldwertsbeträgen von der Kasse mehr geliefert worden ist, als sie ihrerseits der Kasse lieferte.

Die Sonderrechnungen der Wirtschaft im Geldverteilungsbuche zeigen, nachdem alle Posten aus dem Kassenbuch übertragen sind, was jede einzelne Sonderrechnung der Kasse an Geldwertsbeträgen geliefert und von ihr empfangen hat. Ein Lieferungsüberschuß der Sonderrechnung zeigt, wieviel sie selbst zur Erzielung eines Empfangsüberschusses der Kassenrechnung beigetragen hat, ein Empfangsüberschuß dagegen, wieviel sie dazu beigetragen, durch Beanspruchung der Kasse den Geldertrag derselben zu vermindern.

2. Die Rechnung mit Schuldnern und Gläubigern.

In dem ersten Abschnitte dieser Anleitung haben wir gesehen, daß alle Einkäufe und Verkäufe, welche nicht gegen sofortige, sondern gegen spätere Zahlung gemacht werden, bis zur erfolgten Zahlung in ein besonderes Buch, das Abrechnungsbuch mit Fremden oder das Buch für Reste oder die Schuldenrechnung, einzutragen sind. Nach erfolgter Zahlung müssen sie hier als bezahlt verzeichnet und darauf in die Kassenrechnung eingetragen werden. Hieraus geht hervor, daß jede Schuldenrechnung nur eine zeitweilige Zwischenrechnung ist. Nach erfolgter Zahlung wird dieselbe belanglos und steht alles in der Buchführung so, als hätte Verkauf oder Einkauf erst zur Zeit der Zahlung statt= gefunden. Bis zur Zahlung aber ist die Schuldenrechnung wichtig, da wir wissen müssen, was, zu welchem Betrage und an wen wir etwas verkauft haben, wofür wir noch Zahlung zu erhalten haben, oder umgekehrt, was, zu welchem Betrage und von wem wir etwas auf spätere Zahlung eingekauft haben, welche Forderungen Fremden also noch zustehen.

In dem eingangs besprochenen Abrechnungsbuche mit Fremden haben wir zwei Teile kennen gelernt, einen Verkaufsteil und einen Einkaufsteil; in ersterem wurde allen Personen, denen wir auf spätere Zahlung verkauften, je eine Doppelseite eingeräumt, in dem letzteren allen Personen, von denen wir auf spätere Zahlung ein=

kauften. Auf der einen Hälfte der Doppelseite wurden alle ge=
kauften oder verkauften Güter, Erzeugnisse, Waren eingetragen, auf
der entgegengesetzten die später gezahlten Beträge. Es wurde
dort bereits hervorgehoben, daß es empfehlenswert sei, im Verkaufs=
teil alle Beträge für Güter, die wir anderen verkaufen, die diese
also von uns empfangen, stets auf die linke Hälfte der Doppel=
seiten des Abrechnungsbuches zu setzen, alle dafür an uns be=
zahlten, uns also gelieferten Beträge aber auf die rechte Hälfte.
Dagegen erscheinen im Einkaufsteil des Abrechnungsbuches rechts
die Beträge für die uns verkauften, also uns gelieferten Güter,
links die dafür von uns gezahlten, also von anderen empfangenen
Geldbeträge. Im Verkaufs= und Einkaufsteil hatten wir dann auf
allen linken Seiten des Abrechnungsbuches Beträge, welche andere
von uns empfingen, auf allen rechten aber Beträge, welche andere
uns lieferten.

Verkaufsteil und Einkaufsteil des Abrechnungsbuches unter=
scheiden sich demnach nur dadurch, daß in ersterem auf den linken
Seiten die Geldwertsbeträge der von uns an andere gelieferten
Güter, im Einkaufsteile dagegen die Beträge des von uns an
andere gelieferten Geldes verzeichnet wurden; im Verkaufsteil
dagegen auf den rechten Seiten das an uns gelieferte Geld, im
Einkaufsteile der Geldwert der an uns gelieferten Güter.

Da es nun für die Buchführung ganz gleich ist, ob jemand
uns Geld oder geldwertige Güter liefert oder solche von uns
empfängt, so ist eine Scheidung zwischen Verkaufsteil und Ein=
kaufsteil im Abrechnungsbuche nicht notwendig. Jeder Person,
mit der wir in Rechnung treten, kann unabhängig davon, ob wir
ihr oder sie uns etwas schuldig bleibt, im Abrechnungsbuche eine
Doppelseite oder ein Teil einer solchen eingeräumt werden. Alles,
was dieselbe von uns an geldwerten Gütern oder an barem
Gelde erhält, wird ihr alsdann auf ihrer Empfangs = Seite,
alles dagegen, was sie uns an geldwerten Gütern oder an
barem Gelde liefert, auf ihre Lieferungs=Seite geschrieben. Es
hat das den großen Vorteil, daß wir ein und derselben Person,
der wir Güter verkaufen und von der wir Güter kaufen, nicht

zwei Sonderrechnungen, eine im Verkaufsteil und eine im Ein=
kaufsteil des Abrechnungsbuches, einzuräumen brauchen. Ferner,
daß wir nicht genötigt sind, die bezahlten Beträge den zu be=
zahlenden streng gegenüber auf derselben Zeile einzutragen. Hat
eine Person ebensoviel an Geldwert geliefert wie empfangen oder
ebensoviel empfangen als geliefert, so sind alle Beträge bezahlt.
Hat sie mehr empfangen, so soll sie noch liefern, zahlen; hat sie
mehr geliefert, so soll sie noch empfangen, bezahlt erhalten.

Zu erklären haben wir uns die Abrechnung mit Fremden oder
die Schuldenrechnung in der folgenden Weise. Sie stellt einen
zeitweiligen Vertreter der Kasse in der Buchführung vor. Wird
aus der Wirtschaft etwas verkauft, so sollte die Kasse den aus=
bedungenen Betrag dafür eigentlich sofort erhalten, geschieht dies
nicht, so hat sie bis zur erfolgten Zahlung einen Anspruch
darauf. Dieser wird durch die Schuldenrechnung geltend gemacht,
und zwar durch denjenigen Teil derselben, welcher den Namen der
Person trägt, an die ohne sofortige Gegenleistung verkauft wurde.
Dieser Teil der Schuldenrechnung empfängt einstweilen für die
Kasse, derjenige Zweig der Wirtschaft, welcher die verkauften Güter
hergab, liefert ihm. Erfolgt später die Zahlung, so erhält die
Kasse denjenigen Betrag, der ihr zusteht und zwar liefert ihn nun
die Schuldenrechnung, welche ihn einstweilen für die Kasse
empfangen hatte. Die Schuldenrechnung bezw. ihr besonderer Teil,
die Sonderrechnung der Person X., hat nun einmal von der Wirt=
schaft empfangen, denselben Betrag aber an die Kasse weiter geliefert
und ist damit beglichen und belanglos geworden. Die Kasse hat
nun den Betrag von der Schuldenrechnung empfangen, den diese
seinerzeit von der Wirtschaft, oder genauer, von dem betreffenden
Wirtschaftszweig erhielt, der die verkauften Gegenstände zum Ver=
kauf lieferte. Der Betrag ist also jetzt von dem Wirtschaftszweige
auf die Kasse übergegangen, ersterer hat ihn an die Kasse ge=
liefert, die allein Anspruch auf denselben hatte, nur daß diese
Lieferung nicht unmittelbar, sondern mittelbar durch die Hand der
Schuldenrechnung erfolgte. Wird für die Wirtschaft etwas ein=
gekauft, so erhält ein Zweig derselben den Geldwertsbetrag dafür,

und die Kasse sollte denselben eigentlich sofort liefern; thut sie das nicht, so bleibt bis zur erfolgten Bezahlung ein Anspruch an sie bestehen. Dieser wird wiederum durch denjenigen Teil der Schuldenrechnung geltend gemacht, welcher den Namen der Person trägt, die der Wirtschaft ohne sofortige Gegenleistung etwas liefert. Zahlt die Kasse, so erhält dieser Teil der Schuldenrechnung den Betrag, die Kasse liefert ihn. Der Betrag auf der Schulden= rechnung ist beglichen; die Kasse hat mit Hilfe der Schulden= rechnung an denjenigen Wirtschaftszweig geliefert, welcher die ge= kauften Gegenstände erhalten hat. Alle Beträge, welche die Kasse von der Schuldenrechnung empfängt, erhält sie also nur mit Hilfe dieser von der Wirtschaft (bezw. vom Besitzer). Alle Beträge, die sie an die Schuldenrechnung liefert, liefert sie nur mit Hilfe dieser an die Wirtschaft (bezw. an den Besitzer).

Nach Bezahlung aller in der Schuldenrechnung verzeichneten Beträge ist diese beglichen; das, was die Kasse geliefert, hat die Wirtschaft oder der Besitzer empfangen; das, was die Kasse erhalten, hat die Wirtschaft oder der Besitzer geliefert. — Es handelt sich nun aber noch um die Frage, ob aus der Kassenrechnung auch für die spätere Geldverteilung zu ersehen ist, wer der Empfänger der ge= lieferten, der Lieferant der empfangenen Beträge ist. — Für die gegen bar gemachten Umsätze ist das selbstverständlich, nicht aber für diejenigen, welche erst die Schuldenrechnung durchlaufen haben. Verkaufen wir z. B. an Viehhändler N. N. am 1. Oktober eine Kuh zum Preise von 300 Mk., am 15. Oktober zwei fette Ochsen zum Preise von zusammen 800 Mk., beides auf spätere Zahlung, und N. N. bezahlt uns am 1. Januar die schuldigen 1100 Mk., so erhält die Schuldenrechnung, Teil des N. N., zunächst an den genannten Verkaufsterminen die ausbedungenen Verkaufs= preise. Im Text des Abrechnungsbuches ist bei der Verbuchung angegeben, wofür uns N. N. die Beträge schuldig wird. Würden wir nun am 1. Januar nach erfolgter Zahlung in der Kassenrechnung buchen „für Abrechnung mit N. N. 1100 Mk.", so wäre daraus nicht zu ersehen, welche Wirtschaftszweige die Lieferanten der 1100 Mk. sind. Soll die Verteilung der Geldeinnahmen und Geldausgaben

auf die einzelnen Wirtſchaftszweige nach der Kaſſenrechnung er=
folgen, ſo iſt im Kaſſenbuche auch anzugeben, wofür die von der
Schuldenrechnung empfangenen und gelieferten Beträge ſeinerzeit
von dieſer geliefert und empfangen wurden; in unſerem Beiſpiel
muß es alſo bei Eingang der 1100 Mk. heißen:

für die an N. N. am 1. Oktober verkaufte Kuh   300,— Mk.

  „   „   „ N. N. „ 15.   „   verkauften zwei

fetten Ochſen . . . . 800,— Mk.

Um dabei jeden Irrtum überhaupt unmöglich zu machen, iſt
es zweckmäßig, das Wort „laut Abrechnungsbuch" hinzuzufügen,
ſowie in der Belagſpalte die Seitennummern des Abrechnungs=
buches mit anzugeben, auf welcher die Beträge verzeichnet ſind.
Setzen wir weiter den Fall, der Viehhändler N. N. habe uns vor
dem 1. Januar, ſagen wir am 14. Dezember, in Gegenrechnung einen
jungen Zuchtbullen zum Preiſe von 350 Mk. verkauft und zahlte
uns am 1. Januar dementſprechend nicht 1100 Mk., ſondern nur
750 Mk., ſo müßten wir, um eine richtige Geldverteilung aus dem
Kaſſenbuche vornehmen zu können, 1100 Mk. in Einnahme, 350 Mk.
in Ausgabe ſetzen. Bei einer Reihe von derartigen Gegenrech=
nungen ſind dementſprechend alle bis zur Zahlung ſtattgehabten
Verkäufe und Einkäufe ſo zu verbuchen, als hätten ſie ſich im
Augenblick der Abrechnung ſämtlich gegen bare Zahlung vollzogen, nur
daß der wirkliche Verkaufs=, bezw. Einkaufstermin mit angegeben
wird. Eine derartige Handhabung der Schuldenrechnung erleichtert
die Überſicht im Kaſſenbuche und vor allen Dingen die Geldver=
teilung am Schluſſe des Jahres ſehr weſentlich und iſt für den
Landwirt in den meiſten Fällen zu empfehlen.

Wem dieſelbe nicht paßt, der iſt gezwungen, ſeine Geldver=
teilungsrechnung aus Kaſſenrechnung und Abrechnungsbuch vor=
zunehmen. Alle Beträge, welche die Kaſſe von der Schuldenrech=
nung erhalten oder dieſer geliefert hat, müſſen dann auf eine be=
ſondere Rechnung des Verteilungsbuches übertragen werden, welche
wir Schulden=Sonderrechnung (oder Schulden=Konto) nennen wollen.
Aus dem Abrechnungsbuche müſſen dann ebenſo wie aus der Kaſſen=
rechnung alle von den einzelnen Wirtſchaftszweigen empfangenen

Beträge auf deren Lieferungsseiten, alle an die Wirtschaftszweige gelieferten Beträge auf deren Empfangsseiten verteilt werden. Die der Schuldenrechnung von der Kasse gelieferten Beträge müssen dagegen auf die Lieferungsseite einer besonderen Kassen=Sonder= rechnung (oder des Kassen=Kontos), die von der Schuldenrechnung an die Kasse gelieferten Beträge auf deren Empfangsseite über= tragen werden. Diese beiden Sonderrechnungen müssen mit im Geldverteilungsbuche aufgeführt werden. Es treten also neben denjenigen, welche den Besitzer und die einzelnen Wirtschaftszweige darstellen, hier auch noch solche auf, die nur als Zwischenrechnungen zu betrachten sind, indem sie nur dafür zu sorgen haben, daß die für die Wirtschaft gemachten Ausgaben und die aus derselben ge= habten Einnahmen in der richtigen Weise verteilt werden können.

Nach der Geldverteilung müssen natürlich die Sonderrechnungen der Wirtschaftszweige auch hier dieselben Beträge nachweisen, wie bei der alleinigen Verteilung aus der Kassenrechnung.

Das Geldverteilungsbuch wollen wir im weiteren Verlauf unserer Betrachtungen Hauptbuch nennen.

II. Die Rechnung über die einzelnen Betriebszweige.

Geld, Naturalien, Arbeit, Geräte, Maschinen, Vieh, Gebäude und der Grund und Boden sind Betriebsmittel, welche in der Landwirtschaft benutzt werden, um eine Reihe von Gütern herzustellen. Die Güterherstellung nennen wir landwirtschaftliche Produktion, die Herstellung einzelner bestimmter Güter einen Pro= duktions= oder Betriebszweig. Jeder landwirtschaftliche Betrieb zerfällt in eine Reihe von solchen Betriebszweigen, welche der Her= stellung verschiedener, zum Teil sehr verschiedener Güter dienen. Welche Betriebszweige in einem landwirtschaftlichen Betriebe vor= kommen, beruht zum Teil auf dem Charakter der Landwirtschaft, ist aber keineswegs unabänderlich gegeben. Namentlich die Aus= dehnung der einzelnen Betriebszweige kann unter gleichen Ver= hältnissen eine sehr verschiedene sein, auch können ähnliche Betriebs= zweige für einander eintreten. Was hier das wirtschaftlich

Richtigſte iſt, muß eine Rechnung über die Rentabilität der einzelnen Betriebszweige nachweiſen.   So ſoll ſie dem Landwirt z. B. Auf= ſchluß darüber geben, ob es für ihn rentabler iſt, lediglich Milch= viehhaltung zu betreiben oder daneben auch noch Maſtviehhaltung, und bei welcher Ausdehnung beider ihm die höchſte Rente zufällt; ob er beſſer thut, ſein Milchvieh, ſeine Arbeitspferde u. ſ. w. ſelbſt aufzuziehen oder zu kaufen; bei welcher Ausdehnung der Schafvieh= haltung dieſe ihm den höchſten Nutzen abwirft, bezw. ob dieſelbe nicht ganz durch eine andere Tierhaltung zu erſetzen iſt u. ſ. w.

Aus den Rechnungen über die einzelnen Betriebsmittel, welche im vorletzten Abſchnitt beſprochen wurden, iſt die Rentabilität der einzelnen Betriebszweige nicht zu erſehen, auch nicht allein aus den für dieſelben aufgewandten, durch die Geldrechnung vermittelten Ausgaben und den von ihnen gelieferten, durch die Geldrechnung vermittelten Einnahmen, welche den Gegenſtand der Betrachtung des letzten Abſchnittes bildeten.

Die Geldrechnung berückſichtigt nur Geldwertsbewegungen, welche ſich zwiſchen der Wirtſchaft und der Außenwelt vollziehen, alſo einerſeits die Wirtſchaft verlaſſen, andererſeits in dieſelbe hinein= gelangen, dagegen bleiben die von Betriebszweig zu Betriebszweig ſtattfindenden Umſätze, z. T. allerdings auch ſolche der erſteren Art, unberückſichtigt.

Ebenſowenig kann über dieſe Rentabilität dadurch ein Bild gewonnen werden, daß allein alles das an Geldwert in Rechnung geſtellt wird, was an Naturalien umgeſetzt worden iſt, oder jeder Betriebszweig an Arbeitskoſten verurſacht hat, denn auch dieſe Rechnungen umfaſſen nicht alle von den Betriebszweigen empfangenen und gelieferten Beträge. Eine vollkommene Naturalienrechnung giebt zwar alle gekauften, verkauften und von Betriebszweig zu Betriebszweig umgeſetzten Naturalien an und berückſichtigt damit wohl einen großen Teil, keineswegs aber ſämtliche Umſätze. Ebenſo wenig zieht irgend eine der anderen Rechnungen über die einzelnen Betriebsmittel alle ſtattgehabten Umſätze in den Kreis ihrer Rechnung, mithin iſt auch keine derſelben für ſich allein im= ſtande, ein Bild von der Rentabilität ihres Betriebszweiges zu geben. Zur Erreichung dieses Zieles müssen vielmehr die Ergebnisse der verschiedenen in Rede stehenden Rechnungen zusammengefaßt werden.

Hierzu ist notwendig, daß zunächst alle diejenigen Umsätze auf die Rechnungen der einzelnen Betriebszweige verbucht werden, die sich zwischen ihnen und der Außenwelt vollzogen haben, alsdann diejenigen, die sich von Betriebszweig zu Betriebszweig bewegten. Nur diejenigen Rechnungen über die Betriebsmittel, die hierüber Aufzeichnungen enthalten, kommen mithin für die Rentabilitätsermittelung der Betriebszweige in Betracht. Andere dagegen, welche nur Aufschluß über Spezialfragen geben sollen, z. B. darüber, wie der Landwirt diese oder jene seiner einzelnen Handlungen, Auswahl seiner Milchtiere u. s. w. möglichst zweckmäßig vorzunehmen hat, sind für diese Rentabilitätsermittelungen belanglos.

Nach dem im vorigen Abschnitte Ausgeführten werden die zwischen Wirtschaft und Außenwelt sich vollziehenden Umsätze, soweit sie durch Kauf oder Verkauf geschehen, in der Geldrechnung verbucht. Auf den Lieferungsseiten dieser Rechnung muß alles verzeichnet stehen, was die Betriebszweige im Laufe des Rechnungsjahres an baren Aufwendungen empfangen haben, was ihnen also von außen zugewiesen wurde. Auf den Empfangsseiten der Geldrechnung muß alles verzeichnet stehen, was die Betriebszweige zum baren Verkauf, also für die Geldrechnung lieferten. Sind alle diese Beträge auf die Sonderrechnungen der Betriebszweige in der im vorigen Abschnitt besprochenen Weise verteilt, so sind damit wohl alle Beträge berücksichtigt, welche die Betriebszweige durch Verkauf hergegeben, durch Einkauf empfangen haben, keineswegs aber etwa alles, was sie überhaupt von außerhalb empfangen und nach außen abgegeben haben. Einmal werden nämlich dem Besitzer Naturalien überliefert, welche die Wirtschaftszweige verlassen, ohne daß die Geldrechnung von ihnen Notiz nimmt. Hierauf kommen wir noch zurück. Sodann aber wird jedem Betriebszweige am Anfang des Rechnungsjahres vom Besitzer eine Reihe von Inventarstücken überwiesen, die ihm am Schlusse des Jahres zurück-

geliefert werden müssen. Man könnte dieselben aus der Rechnung
fortlassen, wenn sie ihrem Werte nach unveränderlich wären, das ist
jedoch in weitaus den meisten Fällen nicht der Fall. Haben dieselben sich ihrem Geldwerte nach vermindert, so stellt diese Werts-
verminderung einen für den betreffenden Wirtschaftszweig gemachten Aufwand dar, der von seinen sonstigen Ablieferungen an
den Besitzer in Abrechnung gebracht werden muß, denn er liefert
weniger an Inventar-Geldwert zurück als er empfangen hat; haben
die dem Wirtschaftszweige überwiesenen Inventarienstücke sich dagegen ihrem Geldwerte nach vermehrt, so muß diese Wertsvermehrung den übrigen Ablieferungen hinzugerechnet werden, denn
er liefert mehr an Inventar-Geldwert zurück als er empfangen hat.
Alle am Anfang des Rechnungsjahres der Wirtschaft überwiesenen
Inventarienstücke sind daher ihrem Geldwerte nach laut Bestandsaufnahme mit auf die Empfangsseite, alle am Schluß des
Rechnungsjahres zurückzuliefernden, laut Bestandsaufnahme am
Schluß desselben auf die Lieferungsseite derjenigen Betriebszweig-
Rechnungen zu setzen, welche dieselben beanspruchen. Auf diese
Weise kommt das Mehr oder Weniger, das zurückgeliefert wird,
mit in Anrechnung. Sonach könnte man auch nur dieses allein
in betracht ziehen und wo der Geldwertsunterschied leichter zu
ermitteln ist, als der Geldwert selbst, thut man es wohl auch
(s. unter Bestandsaufnahme).

Nach Durchführung dieser Übertragungen auf die Betriebs-
zweig-Rechnungen ist alles verbucht, was der Besitzer den einzelnen Betriebszweigen mittelbar oder unmittelbar lieferte, letztere
also von ihm empfingen und umgekehrt, mit alleiniger Ausnahme
der an ihn abgelieferten Naturalien. Desgleichen sind nicht berücksichtigt die von Betriebszweig zu Betriebszweig erfolgten
Umsätze. Zu diesen letzteren gehören in erster Reihe diejenigen
Naturalien, welche in der Naturalienrechnung verzeichnet sind,
ohne daß sie mit der Geldrechnung in Berührung getreten, also
gekauft oder verkauft worden sind. Die Einnahme- oder Empfangsseiten der Naturalien-Rechnung oder -Rechnungen weisen nach,
welche Betriebszweige als Lieferanten dieser nicht gekauften

Naturalien zu betrachten sind. Die hier verzeichneten Beträge müssen auf den Lieferungsseiten der Rechnungen der betreffenden Betriebszweige verbucht werden. Die Ausgabe= oder Lieferungs= Seiten der Naturalien=Rechnung dagegen zeigen, welche Betriebs= zweige die von der Naturalien=Rechnung gelieferten, nicht ver= kauften Naturalien empfangen haben. Diese müssen ihrem Geld= werte nach auf die Empfangsseiten der Rechnungen der betreffenden Betriebszweige eingetragen werden. Was der Haushalt an Natu= ralien empfangen hat, wird hier ebenfalls nachgewiesen und muß für ihn auf einer besonderen Rechnung verbucht werden.

Außer an Naturalien können aber auch anderweitige Besitz= teile von einem Betriebszweige dem anderen überwiesen sein, so z. B. Tiere von der Milchvieh= zur Mastviehhaltung, von der Jungviehzucht zur Nutzviehhaltung u. dergl. Umsätze dieser Art werden durch die Viehregister nachgewiesen.

Wie aus den Formularen ersichtlich, haben letztere ebenfalls eine Einnahme= oder Empfangs=Seite, die nachweist, welcher Be= triebszweig Lieferant der vereinnahmten, nicht gekauften Tiere ist, und eine Ausgabe= oder Lieferungs=Seite, die nachweist, welcher der Betriebszweige Empfänger der nicht verkauften, gelieferten Tiere ist. Ebenso weisen die Viehregister nach, was an Tieren etwa dem Haushalte des Besitzers überwiesen wurde, mithin auf die Sonderrechnung des Haushaltes als empfangen zu übertragen ist. Nachdem auch diese empfangenen und gelieferten Tiere ihrem Geld= werte nach auf die Lieferungs= und Empfangs=Seiten der Sonder= rechnungen für die Betriebszweige übertragen sind, muß die Rech= nung der letzteren abgeschlossen sein, denn Maschinen, Geräte u. s. w. werden in der Regel nicht von einem Betriebszweige dem andern zugewiesen.

Absichtlich haben wir jedoch bislang einen Umstand ver= schwiegen, welcher die Rechnung weniger einfach macht, als es nach vorstehendem scheinen könnte.

Sowohl bei den von der Kasse als auch bei den von der Naturalien=Rechnung u. s. w. gemachten Aufwendungen ist nämlich in dem Augenblicke, wo diese Aufwendungen gemacht werden, nicht

immer sofort zu ersehen, wie sich dieselben auf die verschiedenen
Betriebszweige verteilen, welchen Anteil von diesen Aufwendungen
jeder einzelne von ihnen empfängt. Zahlt die Kasse z. B. den zur
Beaufsichtigung des Betriebes angestellten Personen Gehalt, oder
macht sie Aufwendungen für Porto u. dergl., so ist nicht sofort ersichtlich,
für welche Betriebszweige diese Ausgaben gemacht werden und in
welchem Maße sie an denselben beteiligt sind. Dasselbe ist der
Fall, wenn die Kasse oder die Naturalienrechnung Aufwendungen
für die Zugtiere macht, wenn z. B. Futter für dieselben angekauft
oder verabfolgt wird. Diese Aufwendungen dienen zur Beschaffung
der nötigen tierischen Arbeitskräfte und müssen denjenigen Zweigen
überwiesen werden, welche die von den Zugtieren geleisteten
Arbeiten beanspruchen und zwar nach Maßgabe dieser Beanspruchung.
Dies kann aber nicht sofort, sondern erst dann ermessen werden,
wenn am Jahresschlusse die für die einzelnen Betriebszweige im
ganzen aufgewandten Arbeitsmengen gemessen und nach der
Arbeitszeit festgestellt sind.

Auch für die Aufwendung für Lohn, Ausbesserung und
Neuanschaffung der Gerätschaften und Maschinen, Instandhaltung
der Gebäude kann im Augenblick der Aufwendung nur selten oder
nur in umständlicher Weise nachgewiesen werden, in welchem Maße
sie den einzelnen Betriebszweigen zufallen.

In andern Fällen wieder ist uns wohl der Betriebszweig
bekannt, für den gewisse Aufwendungen gemacht worden sind, aber
wir dürfen ihm dieselben nicht sämtlich in einem Jahre als
empfangen verbuchen, weil sich ihr Nutzen auf eine Reihe von
Jahren erstreckt und erstrecken muß, wenn die Aufwendungen
rentabel sein sollen. Es trifft das z. B. bei Drainagen, Mergelungen
und teilweise auch bei den Gebäuden, Maschinen u. s. w. zu. In
allen diesen und anderen Fällen bedürfen wir einer Zwischen= oder
Verteilungsrechnung. Derselben werden bis zum Jahresschluß alle
derartigen Aufwendungen zugewiesen, worauf festgestellt wird, in
welchem Maße die einzelnen Betriebszweige (bezw. das laufende
Betriebsjahr) sich an der ermittelten Summe aller Aufwendungen
beteiligten, d. h. dieselben notwendig machten.

So z. B. werden in der Kassenrechnung, Naturalienrechnung u. s. w. alle von diesen Rechnungen für Beschaffung der Spann= arbeit gemachten Aufwendungen als für die Verteilungsrechnung „Kosten der Spannarbeiten" oder gesondert „Kosten der Pferde= gespannarbeit" und „Kosten der Ochsengespannarbeit" gemacht, ver= bucht, also alle Aufwendungen für Futter, welches die Spanntiere erforderten, für Geschirre u. s. w. Bei der am Jahresschluß statthabenden Verteilung der in der Kassenrechnung, Naturalien= rechnung und in anderen Rechnungen verzeichneten Beträge werden diese Aufwendungen alsdann in dem Verteilungsbuche, oder wie wir es jetzt nennen, in dem Hauptbuche, auf einer diesbezüglichen Sonderrechnung „Kosten der Spannarbeiten" als empfangen, also auf der Empfangs=Seite verbucht. Auf der Lieferungs= Seite dieser Rechnung wird dagegen eingetragen, was das Spann= vieh an Arbeitstagen geleistet und wie viele von diesen Arbeits= tagen durch die einzelnen Betriebszweige beansprucht, ihnen also geliefert wurden. Es ergiebt sich das aus den darüber geführten Arbeitsbüchern.

Ferner wird nach den auf der Empfangs=Seite verzeichneten gesamten Kosten der Spannarbeit berechnet, wieviel dieser Kosten den einzelnen Betriebszweigen auf Grund der beanspruchten Arbeitstage geliefert wurden. Diese Kosten sind dann auf die Empfangs=Seiten der Sonderrechnungen über die einzelnen Be= triebszweige zu übertragen.

Damit ist die Verteilungsrechnung erledigt und belanglos geworden. Auf den Sonderrechnungen der einzelnen Betriebs= zweige steht jetzt einerseits verbucht, was sie für die Beschaffung der Spannvieharbeit an Geldwert lieferten, andererseits, was sie als Kosten dieser Arbeiten an Geldwert empfingen.

In derselben Weise werden die anderen Verteilungsrechnungen gehandhabt. Alle Aufwendungen für die Gebäude werden einer Verteilungsrechnung über die Kosten der Gebäudeunterhaltung überwiesen, am Jahresschlusse auf der Empfangs=Seite im Haupt= buche zusammengestellt und dann ermittelt, in welchem Maße, je nach Beanspruchung der Gebäude die einzelnen Betriebszweige

und das Betriebsjahr an diesen Kosten teil haben müssen. Sind
dieselben nach diesem Gesichtspunkte überwiesen, so hat auch diese
Rechnung ihre Schuldigkeit gethan.

Alle Aufwendungen für die Gerätschaften werden einer Ver=
teilungsrechnung über die Kosten der Geräteunterhaltung, alle
Aufwendungen an Lohn einer Verteilungsrechnung über die Kosten
der menschlichen Arbeitskräfte überwiesen und von ihr auf die
einzelnen Betriebszweige verteilt u. s. w.

Schließlich handelt es sich noch um die Frage, wo bei der
Geldverteilung aus den Grundbüchern, wie wir die Bücher für die
Geld=, Naturalien=, Vieh= und Inventarienrechnung nennen können,
diejenigen Beträge verbleiben, welche von einer dieser Rechnungen
der andern überwiesen werden, z. B. Beträge, welche die Kassen=
rechnung für Ankauf von Naturalien aufgewendet, oder welche
die Naturalienrechnung der Kasse durch Verkauf von Naturalien
überwiesen hat. Es leuchtet ohne weiteres ein, daß auch diese in
den Grundbüchern geführten Rechnungen nichts Anderes sind, als
Verteilungsrechnungen, die den zuletzt besprochenen gleich stehen.
Man könnte, theoretisch betrachtet, dieselben von vornherein mit im
Hauptbuche führen und alsdann von hieraus die Verteilungen
vornehmen, wie wir sie für die in diesen Büchern verzeichneten
Beträge kennen gelernt haben. Aus leicht ersichtlichen Gründen
ist aber eine solche Handhabung nicht empfehlenswert. Sollen
nun aber nach Schluß aller Übertragungen und Verteilungen aller
umgesetzten und verteilten Beträge im Hauptbuch verzeichnet sein,
d. h., soll jedem im Hauptbuch als geliefert verzeichneten Betrag
auch ein empfangener gegenüberstehen, so ist es notwendig, daß
auch die in Rede stehenden Verteilungsrechnungen als solche mit
allen empfangenen und gelieferten Beträgen in demselben erscheinen.

Allerdings ist das nicht bezüglich aller Einzelbeträge not=
wendig, denn einer Reihe von einzeln gelieferten Beträgen kann
ein summarischer empfangener Betrag von gleicher Höhe gegenüber=
treten, ohne daß die rechnerische Übereinstimmung dadurch gestört
wird. Es empfiehlt sich demnach folgende Handhabung: Nachdem
alle von der Kasse gelieferten und empfangenen Beträge in das

Hauptbuch übertragen sind, wird auf allen Hauptbuch=Rechnungen ermittelt, was sie von der Kasse im ganzen empfangen haben; diese Summen werden als von der Kasse geliefert auf der Lieferungs= Seite der Kassen = Sonderrechnung des Hauptbuches aufgeführt. Nachdem alsdann festgestellt, was sie im ganzen an die Kasse geliefert, werden diese Summen auf der Empfangs=Seite dieser Kassen=Sonderrechnung des Hauptbuches zusammengestellt. Dieselbe stellt demnach eine zusammenfassende Wiederholung der in den Grundbüchern geführten Kassenrechnung dar, muß also bezüglich der Endsummen mit ihr übereinstimmen.

Die von der Kassenrechnung an den Besitzer abgelieferten und von ihm empfangenen Beträge werden auf eine oder mehrere für ihn im Hauptbuche eingerichtete Sonderrechnungen übertragen, geradeso wie die an die Betriebszweige gelieferten oder von ihnen empfangenen Beträge. Sofern die Abrechnung mit Fremden derart gehandhabt wurde, daß die Kasse der Schuldenrechnung und die Schuldenrechnung der Kasse lieferte, nicht also in der Kassenrechnung alle auf spätere Zahlung bewirkten Umsätze so be= handelt wurden, als hätten sie erst bei der Zahlung stattgehabt, so müssen im Hauptbuch in einer einzurichtenden Verteilungs=Rechnung für die Reste oder in der Hauptbuch=Abrechnung alle von der Kasse der Schuldenrechnung gelieferten und von ihr empfangenen Beträge übertragen werden. Ebenso sind alsdann aus der Schuldenrechnung alle Beträge, welche die Schuldenrechnung empfing und lieferte, ins Hauptbuch zu übertragen, mit Ausnahme derjenigen, welche sie der Kasse lieferte oder von ihr empfing. Letztere hatten wir schon in der Geldverteilungs=Rechnung im Haupt= buche eingetragen, nachdem die Übertragungen aus dem Kassen= buche abgeschlossen waren. Sind auch diese Übertragungen auf die einzelnen Sonderrechnungen bewirkt, so werden sie nunmehr gleichfalls auf jeder Sonderrechnung addiert und die Summen auf der Hauptbuch=Abrechnung zusammengestellt, derart, daß die von den Sonderrechnungen durch die Schuldenrechnung empfangenen Beträge auf der Lieferungs=, die von ersteren der Schuldenrechnung gelieferten Beträge auf der Empfangs=Seite der Hauptbuch=

Aereboe, Buchführung.   8

Abrechnung zu stehen kommen. Mit den hier bereits verzeichneten, von der Kasse gelieferten und empfangenen Beträgen muß auf dieser Rechnung dann alles verzeichnet sein, was die Schulden=rechnung überhaupt empfing und lieferte. Dort, wo die Schulden=rechnung derart gehandhabt wird, daß alle abgerechneten Beträge sofort mit zugehörigem Text in das Kassenbuch eingetragen werden, dürfen aus der Schuldenrechnung nur die noch nicht abgerechneten Beträge in das Hauptbuch auf die Sonderrechnungen übertragen und auf der Hauptbuch=Abrechnung zusammengestellt werden.

Bei den Übertragungen aus den Naturalien=Rechnungen sind dann weiter nur diejenigen umgesetzten Beträge zu berücksichtigen, welche sich von Betriebszweig zu Betriebszweig bewegen. Die durch Kauf oder Verkauf entstandenen Umsätze sind bereits auf der Kassen=Hauptbuchrechnung bezw. Hauptbuch=Abrechnung ver=zeichnet. Nach den Übertragungen aus dem Naturalienbuche wird auch hier wieder eine Zusammenstellung der übertragenen Beträge auf der Naturalien=Hauptbuch=Rechnung gemacht. Um die von Betriebszweig zu Betriebszweig durch Überweisung von Vieh statt=gehabten Umsätze in Rechnung zu ziehen, werden, wie erwähnt, die in den Viehregistern verzeichneten Einnahmen und Ausgaben, soweit sie nicht durch Zukauf oder Verkauf entstanden sind, in gleicher Weise wie bei den vorigen Rechnungen auf die Haupt=buch=Rechnungen übertragen und müssen alsdann ebenfalls in einer Hauptbuch=Vieh=Rechnung zusammengestellt werden.

Schließlich ist auf den betreffenden Hauptbuch=Sonderrechnungen das denselben laut Anfangsinventur vom Besitzer übergebene, ge=lieferte, Inventar seinem Geldwerte nach auf die Empfangsseiten einzusetzen.

Es genügt dabei, die Geldwertssumme desselben aufzuführen und im übrigen auf das Inventarienverzeichnis zu verweisen. Auf der Lieferungs=Seite ist dagegen der Geldwert des Inventarien=bestandes, welcher dem Besitzer am Jahresschlusse zurückgeliefert wird, aufzuführen. Es muß das geschehen, ehe die Ver=teilung der den Verteilungs=Rechnungen überwiesenen Beträge vorgenommen wird, weil auch diesen Inventarienstücke übergeben und von ihnen zurückgeliefert werden können. So wird z. B. der Verteilungs-Rechnung über die Kosten der Spannviharbeit der Wert der Zugtiere, der Geschirre u. s. w. überwiesen. Jede Werts-verminderung dieser Besitzteile erhöht die Kosten der Spannvieh-arbeit, jede Wertsvermehrung, z. B. durch Zuwachs der Arbeits-ochsen u. s. w., vermindert diese Kosten. Das Mehr oder das Weniger muß daher hier mit in Rechnung gezogen werden.

Sind auf den Hauptbuch-Verteilungsrechnungen alle für die-selben gemachten Aufwendungen ihrem Geldwerte nach eingetragen, so werden die Rücklieferungen von denselben in Abrechnung ge-bracht. Der Rest stellt alsdann die wirklich stattgehabten, zu ver-teilenden Aufwendungen dar. Ist diese Verteilung bewirkt, so muß bei richtiger Rechnung auf allen Sonderrechnungen ver-zeichnet stehen, was dieselben an Geldwert erhielten und lieferten, und alle Verteilungsrechnungen müssen auf ihrer Empfangs- und Lieferungs-Seite dieselben Summen zeigen, sie dürfen weder einen Empfangs- noch einen Lieferungs-Überschuß aufweisen. Im Gegensatz hierzu werden die Rechnungen der Betriebszweige da-gegen in der Regel einen Lieferungs- oder auch einen Empfangs-überschuß aufweisen. Auf denselben kommen wir weiter unten zu sprechen, zuvor sind noch einige Bemerkungen über diejenigen Sonderrechnungen zu machen, welche in der Buchführung den Besitzer darstellen.

Es wurde schon hervorgehoben, daß niemand als dieser der Wirtschaft etwas liefert oder von ihr etwas empfängt. Er bedarf demzufolge einer oder mehrerer Rechnungen, welche seine Person in der Buchführung darstellen. Eine dieser Rechnungen haben wir bereits kennen gelernt, es ist das die Rechnung „private Einnahmen und Ausgaben des Besitzers" oder wie wir sie kurz bezeichnet haben „Privat". Dieselbe nahm alles in Empfang, was der Besitzer im Laufe des Rechnungsjahres durch die Kasse von der Wirtschaft empfing und alles, was er ihr im Laufe des Rechnungsjahres durch die Kasse lieferte. Er liefert der Wirtschaft nicht unmittelbar, weil er im Augenblick, wo er Geld für dieselbe hergiebt, nicht wissen kann, welchen Betriebszweigen dasselbe zu

gute kommen wird, und ebenſo wenig empfängt er unmittelbar
Geld von ihr, weil er in dem Augenblick, wo die Wirtſchaft durch
Verkauf Einnahmen für ihn macht, nicht wiſſen kann, ob der Erlös
nicht teilweiſe oder ganz wieder für die Wirtſchaft aufgewandt
werden muß Bei allen dieſen Vorgängen bedient er ſich vielmehr
ſtets der Geldrechnung als ſeines Stellvertreters, dem er am anfang
des Rechnungsjahres einen Kaſſenbeſtand übergiebt, und von dem
er über die Verwaltung und Verwendung desſelben, ſowie über
die von der Wirtſchaft ſonſt noch empfangenen Gelder und die
noch beſtehenden Anſprüche der Kaſſe ſowie die Anſprüche an
dieſelbe Rechenſchaft und am Schluſſe des Jahres die Rücklieferung
des alsdann vorhandenen Kaſſenbeſtandes und der Anſprüche der
Kaſſe verlangt. Da nun aber nicht alle von der Wirtſchaft an den
Beſitzer abgelieferten Beträge die Kaſſe durchlaufen und auf dieſe
Weiſe an die Rechnung „Privat“ gelangen, ſondern zum teil in
Naturalform dem Beſitzer direkt überwieſen werden, ſo muß derſelbe
noch durch eine zweite Rechnung in der Buchführung dargeſtellt
werden. Es geſchieht das durch die Rechnung, die wir mit dem
Namen „gemeinſame Beköſtigung“ u. ſ. w. für Herrſchaft und
Geſinde bezeichnet haben. Dieſe Rechnung iſt wie die Geld=
rechnung eine Verteilungs=Rechnung und ſtellt neben dem Beſitzer
auch noch das Geſinde vor. Die ihr von der Naturalien=, Vieh=
rechnung u. ſ. w. überwieſenen Beträge werden am Jahresſchluſſe
der Summe nach ermittelt und alsdann auf die beiden Empfänger
Wirtſchaft und Privat verteilt. Der auf „Privat“ entfallende
Anteil iſt an den Beſitzer gelangt; der auf die Wirtſchaft ent=
fallene Anteil wird einer weiteren Verteilungs=Rechnung über die
Koſten der menſchlichen Arbeitskräfte überwieſen und von hier auf
diejenigen Betriebszweige verteilt, welche die Arbeiten beanſprucht
haben.

Schließlich übergiebt der Beſitzer am Anfang des Rechnungs=
jahres der Wirtſchaft ihre ſämtlichen Beſtände und der Kaſſe den
Kaſſenbeſtand. Er liefert dieſelben alſo und ihr Geſamt=Geldwert
muß auf der Lieferungsſeite einer ſeiner Rechnungen verbucht
werden. In derſelben Weiſe nimmt er am Jahresſchluſſe die

Bestände sowie den alsdann vorhandenen Kassenbestand wieder in Empfang. Auch diese Geldwerte müssen daher alsdann auf einer seiner Rechnungen und zwar auf der Empfangsseite derselben erscheinen. Man könnte hierzu auch die Rechnung „Privat" benutzen. Es ist das jedoch nicht zweckmäßig, weil man alsdann nicht sofort unterscheiden kann, was innerhalb des Rechnungsjahres und was am Anfang und Schlusse des Rechnungsjahres zwischen Wirtschaft und Besitzer ausgetauscht wurde. Um dieser Übersicht halber wird der Besitzer in der Buchführung noch durch eine weitere Rechnung dargestellt, welche wir Jahresabrechnung mit dem Besitzer nennen wollen. Dieselbe liefert laut Inventarienverzeichnis am Anfang des Rechnungsjahres die Inventurbestände und den Kassenbestand den betreffenden Sonderrechnungen ab. Ihr wird daher der Geldwert derselben auf die Lieferungsseite geschrieben und zwar für jede Sonderrechnung, welche Inventarienstücke erhielt, der Gesamtbetrag des Geldwertes derselben. Am Schlusse des Jahres empfängt sie von jeder dieser Sonderrechnungen den gesamten Geldwert der alsdann laut neuer Inventur vorhandenen Bestände zurück.

Es werden ihr die betreffenden Beträge mithin auf die Empfangsseite verbucht. Auf den Sonderrechnungen der Wirtschaft und der Kassenrechnung erscheinen die ersteren dagegen, wie wir vorhin gesehen haben, auf der Empfangs-, die letzteren auf der Lieferungsseite. Diese Rechnungen empfangen die Bestände zu anfang des Rechnungsjahres und liefern sie am Schlusse desselben. Nur mit etwa der Wirtschaft überwiesenen Schuldbeträgen steht es anders. Der Besitzer wird dadurch, daß er Beträge, die er zahlen sollte, der Wirtschaft überweist, seine Zahlungsverpflichtungen los, er überwälzt dieselbe auf die Wirtschaft und zwar auf die Schuldenrechnung derselben: dieselbe liefert ihm infolgedessen den Betrag zu Anfang des Rechnungsjahres, seine Rechnung empfängt ihn. Forderungen an den Besitzer dagegen werden ebenso gut von der Schuldenrechnung empfangen, wie die Kasse das bare Geld empfängt. Am Schlusse des Rechnungsjahres werden Forderungen an den Besitzer oder an

dessen Kasse von ersterem an die Schuldenrechnung geliefert,
letztere empfängt dieselben und wird damit ihrer Zahlungs=
verpflichtung enthoben, die nun wieder an den Besitzer übergeht.
Forderungen der Schuldenrechnung an dritte, also solche Beträge,
welche die Kasse noch erhalten soll, werden dagegen vom Besitzer
erhalten, von der Schuldenrechnung geliefert wie das bare Geld.
Sind alle in Rede stehenden Bestände auf der Jahresabrechnung
mit dem Besitzer verbucht, so sind sowohl die auf der Empfangs=
wie die auf der Lieferungsseite verzeichneten Geldbeträge zu
summieren, um zu erfahren, ob und wieviel der Besitzer an Geld=
wert in Form von Beständen mehr oder weniger zurückerhalten
hat als er lieferte. Zu diesen am Anfang und Schlusse des Jahres
vom Besitzer gelieferten und empfangenen Beträgen brauchen als=
dann nur die innerhalb des Rechnungsjahres von ihm gelieferten
und empfangenen Beträge, welche auf Rechnung „Privat" (nach
Abrechnung mit Sonderrechnung „gemeinsame Beköstigung") ver=
zeichnet stehen, hinzuaddiert zu werden, um den gesamten von der
Wirtschaft dem Besitzer im Rechnungsjahre mehr gelieferten
Geldwert zu erhalten, d. h. den Ertrag der Wirtschaft und die
Vergütung des Besitzers für die Wirtschaftsleitung.

Um den Ertrag der einzelnen Wirtschaftszweige festzustellen,
werden die Beträge der Empfangs= und Lieferungs=Seiten ihrer
Sonderrechnungen summiert. Hier ist aber Ertrag das, was
dieselben mehr geliefert, Verlust, was sie mehr empfangen haben.
Was die Sonderrechnungen der Wirtschaft mehr lieferten,
als sie empfingen, wurde von den Rechnungen des Besitzers mehr
empfangen als geliefert; was die ersteren mehr empfingen, muß
von den Rechnungen des Besitzers mehr geliefert sein. Die
Summe dessen, was die Rechnungen der Wirtschaft mehr lieferten,
muß gleich sein der Summe dessen, was die Rechungen des Be=
sitzers mehr empfingen.

Um eine Übersicht darüber zu gewinnen, was jede Sonder=
rechnung mehr lieferte oder mehr empfing, werden alle Überschüsse einer
Überschuß= oder Gewinn= und Verlust=Rechnung überwiesen. Alle
Lieferungsüberschüsse erscheinen auf derselben auf der Lieferungs=

seite, alle Empfangs-Überschüsse auf der Empfangsseite. Erstere
werden dabei von der Überschußrechnung an die Sonderrechnungen
geliefert, so daß diese jetzt keinen Überschuß mehr aufweisen, letztere
von der Überschußrechnung empfangen und von den Sonderrechnungen geliefert, so daß auch sie jetzt keinen Überschuß mehr
zeigen. Alle Überschüsse sind auf diese Weise der Überschußrechnung
übergeben und alle Sonderrechnungen beglichen.

Durch Summieren der Beträge beider Seiten dieser Rechnung
und Abzug der Empfangsüberschußsumme von der Lieferungs-
überschußsumme ergiebt sich alsdann der gesamte Lieferungsüberschuß,
also derjenige Betrag, welcher von allen Sonderrechnungen der
Wirtschaft zusammen dem Besitzer mehr zurückgeliefert wurde, als
letztere von ihm empfingen.

Dieser Betrag muß demjenigen gleich sein, den der Besitzer
mehr empfing als er lieferte, also dem Empfangsüberschüsse seiner
sämtlichen Rechnungen. Wird auch dieser Überschuß der Überschußrechnung überwiesen, so muß die Summe der Empfangsseite gleich
sein der Summe der Lieferungsseite. Das von der Wirtschaft
und vom Besitzer Gelieferte muß gleich sein dem von der Wirtschaft
und vom Besitzer Empfangenen, denn niemand hat der Wirtschaft
geliefert als der Besitzer, niemand als er hat von der Wirtschaft
etwas empfangen. Nach Abschluß dieser Rechnung zeigt keine
Rechnung mehr einen Überschuß, die Buchführung ist abgeschlossen
und kann für ein neues Rechnungsjahr damit beginnen, daß den
einzelnen Sonderrechnungen von neuem ihre Bestände übergeben
werden, während sich der Besitzer den Wert derselben von neuem
auf eine seiner Rechnungen als geliefert vorschreibt und die
Sonderrechnungen sich dieselben von neuem als empfangen verbuchen u. s. w.

Nach dieser unserer Betrachtung können wir die gesamten
Sonderrechnungen der systematischen Buchführung einteilen in:

1. Sonderrechnungen, welche den Besitzer in der Buchführung
   darstellen;
2. Sonderrechnungen, welche die Betriebszweige in der Buchführung darstellen;
3. Die Verteilungsrechnungen.

Es würde weit über den Rahmen dieſer Anleitung hinaus=
gehen, hier ein ausführliches Bild über die Führung einer jeden
dieſer Sonderrechnungen zu entwerfen, umſomehr, als die für
die verſchiedenen landwirtſchaftlichen Betriebe zu wählenden ver=
ſchiedene ſein können und ſein müſſen. Dies iſt vornehmlich der
Fall bei den Sonderrechnungen über die einzelnen Betriebszweige,
wogegen diejenigen, welche den Beſitzer in der Buchführung dar=
ſtellen, ſowie die Verteilungsrechnungen, ſich in der Buchführung
ſehr verſchiedener landwirtſchaftlicher Betriebe ziemlich in gleicher
Weiſe wiederholen. Es liegt das in der Natur der Sache. —
Trotz ſehr verſchiedener Betriebszweige ſind die Betriebsmittel,
welche für die verſchiedenen Betriebszweige aufgewandt werden,
ziemlich die gleichen, ſomit auch diejenigen Rechnungen, welche die
Verteilung dieſer Aufwendungen zu bewerkſtelligen haben. In
jedem Betriebe werden bares Geld und Naturalien aufgewandt, in
jedem Betriebe wird ein Teil dieſer Aufwendungen nicht direkt den
Betriebszweigen, ſondern zunächſt weiteren Verteilungsrechnungen,
wie den Lohnrechnungen, der Spannviehkoſtenrechnung, Gebäude=
koſtenrechnung, Gerätekoſtenrechnung u. ſ. w. überwieſen werden
müſſen. Ebenſo übergibt der Beſitzer in jedem Betriebe ſeiner
Buchführung am Anfang des Rechnungsjahres Beſitzteile und
fordert dieſelben am Schluſſe des Rechnungsjahres zurück, in den
meiſten derſelben ſteht er auch außerdem innerhalb des Rechnungs=
jahres mit ſeiner Wirtſchaft noch im Tauſchverkehr, bedarf alſo für
dieſe Umſätze der beſprochenen Rechnungen, die ſeine Perſon in
der Buchführung darſtellen. Im Nachſtehenden mögen die für die
durchſchnittlichen Verhältniſſe der landwirtſchaftlichen Praxis in
betracht kommenden Sonderrechnungen kurz namentlich aufgeführt
werden.

I. Die Sonderrechnungen, welche den Beſitzer in der Buchführung
darſtellen.

1. Sonderrechnung „Privat" oder „Perſönliches",
2. Jahresabrechnung mit dem Beſitzer.

II. Verteilungsrechnungen für gemeinsame, für Wirtschaft und Besitzer
gemachte Aufwendungen.

1. Die Geldrechnung
   a) Kassenrechnung,
   b) Schuldenrechnung oder Abrechnung mit Fremden (zeitweiliger
   Vertreter der Kassenrechnung),
2. die Rechnung über die Aufwendungen für gemeinsame Beköstigung
u. s. w. von Herrschaft und Gesinde,
3. die Überschuß- oder Gewinn- und Verlustrechnung.

III. Sonderrechnungen der einzelnen Betriebszweige.

 1. Ackerbau - Rechnung,
 2. Wiesenbau-   „
 3. Weiden-   „
 4. Garten-   „
 5. Forst-   „
 6. Teich-   „
 7. Rindvieh-   „   Milchvieh-Rechnung,
                        Jungvieh-   „
 8. Gestüts-   „   Mastvieh-   „
 9. Schweine-   „
10. Schafvieh- „
11. Federvieh- „
12. Ziegelei-   „
13. Torfstich- „
14. Brennerei- „   u. s. w.

IV. Verteilungsrechnungen zur Verteilung der für die Betriebszweige
gemachten Aufwendungen.

1. Die Naturalien - Rechnung (einschl. Dünger-Rechnung),
2. die Tagelohn-   „
3. die Lohn- u. Deputat- „
4. die Zugpferde-   „
5. die Zugochsen-   „
6. die Gebäude-   „
7. die Geräte-   „
8. die Rechnung über allgemeine Wirtschaftskosten.

V. Verteilungsrechnungen zur Verteilung der für e i n e n Betriebszweig
gemachten Aufwendungen auf eine Reihe von Betriebsjahren.

1. Die Meliorations-Rechnung.

Wie die einzelnen Wirtschaftszweige für die Buchführung zu

gruppieren sind, ergiebt sich einerseits aus den thatsächlichen
Produktionsverhältnissen, andererseits daraus, in welchem Umfange
Aufschlüsse von der Buchführung gewünscht werden. Ein Land=
wirt, der verschiedene Arten der Rindviehhaltung betreibt, kann
eine gemeinsame Sonderrechnung einrichten, welche alle diese Arten
umfaßt, und ihm die Rentabilität seiner gesamten auf die Rind=
viehhaltung verwandten Thätigkeit und gemachten Aufwendungen
durch alle von ihr gelieferten Erzeugnisse aufweist. Er kann aber
auch für jede derselben eine Sonderrechnung errichten, d. h. sie in
der Buchführung zu einem selbständigen Betriebszweige erheben,
wobei ihm alsdann die Rentabilität der Herstellung der einzelnen
Erzeugnisse der Rindviehhaltung gesondert klar gelegt wird. Bei
einem Landwirt dagegen, der Rindvieh nur zwecks Milch=
gewinnung hält, wird selbstredend nur eine Sonderrechnung für
dasselbe einzurichten sein u. s. w. Ein Betriebszweig wird in der
Buchführung dadurch gebildet, daß alle zwecks Herstellung eines
oder mehrerer Erzeugnisse gemeinsam gemachten Aufwendungen
einer besonderen Rechnung als empfangen, die Erzeugnisse selbst
ihr als geliefert verbucht werden. Der Herstellungsprozeß eines
jeden Gutes setzt sich aus einer Reihe von Maßnahmen zusammen,
deren jede, für sich allein betrachtet, einerseits einen Teil des
Aufwandes darstellen, andererseits auch einen Teil des Erfolges
in sich schließen soll. Eine größere oder geringere Zahl von
Teilaufwendungen und Teilerfolgen (bezw. auch Mißerfolgen) setzt
die gesamten Aufwendungen (Kosten) und den gesamten Erfolg
(Ertrag) zusammen, der für und durch die Herstellung der be=
treffenden Güter erwachsen ist. Es kann dabei sowohl eine be=
sondere Betrachtung jedes einzelnen herzustellenden Gutes statt=
finden, oder auch mehrere bezw. eine Reihe derselben zusammen=
gefaßt werden, um die Rechnung zu vereinfachen.

Weiter können aber auch die verschiedenen Herstellungsstufen
einer gesonderten Rechnung unterworfen werden. Es geschieht das
z. B. ganz allgemein dort, wo die Arbeitsteilung den Herstellungs=
prozeß einzelner Güter in eine Reihe von Teilprozessen zerlegt hat,
die sich in den Händen verschiedener Unternehmer abspielen. Eine

derartige besondere Behandlung von Teilprozessen durch die Buch=
führung ist aber auch dort möglich, wo sich mehrere bezw. eine
Reihe derselben in der Hand eines Unternehmers vollziehen. Damit
ist der Zerteilung einer Unternehmung in eine Reihe von Betriebs=
zweigen ein weites Feld eröffnet. Diese oder jene für die Her=
stellung einer fertigen Ware wie für die eines Halbfabrikates
oder Vorproduktes gemachten Aufwendungen können zusammen=
gefaßt werden, um sie als einen besonderen Betriebszweig zu be=
trachten. Die Zweckmäßigkeit und Durchführbarkeit einer solchen
Zusammenfassung verschiedener Aufwendungen ist aber eine ver=
schiedene und zwar eine um so größere, je leichter der eine als
unrentabel erkannte Betriebszweig durch einen anderen, voraus=
sichtlich rentableren, ersetzt werden kann. Die Durchführbarkeit ist
um so größer, je leichter die für jeden Betriebszweig gemachten
Aufwendungen von den für andere gemachten getrennt werden
können, je weniger Verteilungsrechnungen dazu erforderlich sind
und je genauer die Verteilung mit ihrer Hilfe zu bewerkstelligen
ist, d. h. je geringer die Fehlerquellen bei der Verteilung sind.
Dort, wo letztere so groß sind, daß die Ergebnisse zu beträchtlichen
Trugschlüssen führen können, ist eine solche Zusammenfassung von
bestimmten Aufwendungen zu einem selbständigen Wirtschaftszweige
gefährlich und hat auch in der Hand desjenigen, der sie mit Vor=
behalt betrachtet, nur zweifelhaften Wert. Es würde zu weit
führen, hier näher auf diese Verhältnisse einzugehen. Es sei nur
erwähnt, daß eine weitere Zerlegung der landwirtschaftlichen
Produktion, als sie durch die auf Seite 121 angegebenen Betriebs=
rechnungen angedeutet ist, sich nur unter besonderen Verhältnissen
empfehlen dürfte. Wohl aber wird sehr häufig eine Zusammen=
fassung mehrerer derselben geboten erscheinen. Besonders eine
Zerlegung der Buchführung über den Ackerbau in einzelne be=
sondere Schlagrechnungen erscheint uns nicht soweit genau durch=
führbar, als die Erzielung brauchbarer Ergebnisse es erfordert.
Es sei dabei nur an die Unmöglichkeit erinnert, eine annähernd
zutreffende Verteilung der Wirkungen des Düngers auf die einzelnen
Jahre vorzunehmen.

Man hat sich auf der anderen Seite vielfach auf den Stand=
punkt gestellt, daß eine Zerteilung der landwirtschaftlichen Pro=
duktion in eine Reihe von Teilproduktionen oder Betriebszweigen
überhaupt nicht richtig und durchführbar sei, daß z. B. der Ackerbau
von der Viehzucht nicht getrennt werden dürfe, um für beide gesondert
ihre Rentabilität zu ermitteln, ebenso wenig auch die einzelnen
Zweige der Viehzucht von einander u. s. w., und daß vermeindlich
auch in anderen Gewerben eine solche Zerlegung in Teilproduktionen
nicht vorgenommen werde. Hierauf ist jedoch folgendes zu ant=
worten. Fast überall in der volkswirtschaftlichen Produktion ist
der Arbeitsteilung Thür und Thor geöffnet. Der Produktions=
prozeß wird in immer mehr Teilprozesse zerlegt, die sich in be=
sonderen Unternehmungen abspielen. Die Vorprodukte wandern
dabei bis zur Ausgestaltung zum Produkt durch eine Reihe von
selbständigen Unternehmungen, die jede für sich nur eine Teil=
produktion vorstellen, über die gesondert Rechnung geführt wird.

Die Arbeitsteilung hat wieder eine Vereinigung gleicher Teil=
prozesse der verschiedensten Produktionsprozesse zur Folge, da diese
ebenso wie erstere eine Arbeitsersparnis in sich schließt, letztere
fördert daher wieder erstere und so fort.

Diese fortschreitende Zerlegung des Produktionsprozesses in
Teilprozesse und die Konzentrierung der letzteren kann aber nicht in
allen Produktionsprozessen in gleicher Weise platzgreifen. Sie
kann vielmehr nur dort vor sich gehen, wo der sich mit ihr ver=
bindende ökonomische Vorteil größer ist als der Nachteil, der da=
durch entsteht, daß die Vorprodukte von Unternehmung zu Unter=
nehmung transportiert werden müssen. Dies letztere ist in der Land=
wirtschaft bei vielen Vorprodukten nicht der Fall. Heu, Stroh,
Grünfutter und andere in der Landwirtschaft erzeugte Produkte
haben im Verhältnis zu ihrem Werte ein so großes Volumen, daß
ihre Weiterverarbeitung in anderen Unternehmungen nur unter
bestimmten Verhältnissen wirtschaftlich zulässig sein kann. Dies
um so mehr, als das notwendigste Produktionsmittel, der Boden,
seiner Lage nach gegeben ist, die Herstellung dieser Rohstoffe sich
daher auf weite Strecken verteilen muß. Hierdurch werden nament=

lich der Arbeitskonzentrierung Hindernisse in den Weg gelegt. Aus diesem Grunde ist der Landwirt bezüglich dieser Vorprodukte in den weitaus meisten Fällen genötigt, Weiterverarbeitung derselben zu fertiger Ware ganz oder zum großen Teil selbst vorzunehmen, so daß sich seine Unternehmung aus Rohstofferzeugung und Fabrikation zusammensetzt. — Der Boden bedingt weiter, daß die Rohstofferzeugung eine sehr vielgestaltige sein muß, da ihm nur durch Benutzung in geregeltem Fruchtwechsel hohe Roherträge ab= gewonnen werden können, womit wieder eine sehr verschiedenartige Fabrikation Hand in Hand gehen kann, über deren gesonderte Rentabilität der Landwirt sich Aufschluß zu verschaffen suchen muß. Kein Industrieller, der so verschiedenartige Fabrikations= oder Rohstofferzeugungszweige zu seinen Unternehmungen zählt, wie es die verschiedenen Betriebszweige eines landwirtschaftlichen Betriebes sind, kann auf eine gesonderte Rentabilitätsermittelung derselben verzichten und verzichtet auch nicht auf dieselbe. Sogar jeder Industrielle, welcher nur einen Teilprozeß eines Produktions= prozesses vollführt, sucht sich auch über die Rentabilität anderer, namentlich solcher zu unterrichten, die der Herstellung von Produkten bezw. Vorprodukten dienen, die er mit den ihm zur Verfügung stehenden Werkzeugen, Maschinen u. s. w. ebenfalls ausführen kann. Erscheint dieselbe ihm rentabler, so wendet er sich ihr zu. Genau so muß sich der Landwirt, welcher Unternehmer einer Reihe sehr verschiedener Fabrikationsprozesse ist, und zwar solcher, die zum Teil für einander eintreten können, sich ein gesondertes Bild von der Rentabilität derselben zu machen suchen.

Die Eigenart des landwirtschaftlichen Gewerbes, seine große Vielgestaltigkeit, erschwert ihm diese gesonderte Rentabilitäts= ermittelung der einzelnen Betriebszweige allerdings; daraus aber den Schluß ziehen zu wollen, letztere sei überhaupt unrichtig oder unzweckmäßig, wäre nur dann zulässig, wenn diese Erschwerung zu sehr großen Opfern Veranlassung gäbe, oder aber die Fehler= quellen derart sich mehrten, daß die Brauchbarkeit der Ergebnisse in Frage gestellt würde.

Begründet sind die Schwierigkeiten vornehmlich darin, daß

der Geldwert der im landwirtschaftlichen Betriebe sich umsetzenden einzelnen Besitzteile sich nicht in allen Fällen leicht bestimmen läßt, aber diese Schwierigkeiten sind keine unüberwindlichen, namentlich kommen sie für den praktischen Landwirt nicht in betracht, wenn er sich hier der Unterstützung der Wissenschaft bedient, die ihm die für seine besonderen Verhältnisse passenden Geldwerte ermitteln kann. Nicht die Anwendung solcher Geldwerte, sondern deren Ermittelung bereitet die Schwierigkeiten. — In Erkenntnis dieser Thatsachen hat sich die Stelle für Buchführung bei der Deutschen Landwirtschafts=Gesellschaft insbesondere die Aufgabe gestellt, die= jenigen Mitglieder der Gesellschaft, welche ihre Hilfe in Anspruch nehmen, hierbei zu unterstützen. Da die vorliegende Anleitung in erster Linie für die letztgenannten Landwirte geschrieben ist, so ist eine Erörterung der in Rede stehenden Gesichtspunkte für die praktische Durchführung der Buchführung hier überflüssig, nicht aber für diejenigen, welche die Grundsätze wissen wollen, nach denen bei derartigen Ermittelungen zu verfahren ist.

Dieselben können im folgenden letzten Abschnitt jedoch nur der Hauptsache nach erörtert werden. Wer eine ausführliche Dar= legung derselben wünscht, der muß auf eine besondere Arbeit ver= wiesen werden, welche von Seiten der Buchführungsstelle demnächst hierüber herausgegeben werden wird.

Die Bestimmung des Geldwertes der durch die Buch= führung zu berücksichtigenden Besitzteile.[1])

Es wurde schon im ersten Abschnitt dieser Anleitung erwähnt, daß die Buchführung für ihre Rechnungen sich des Geldwertes als allgemeinen Renners für die verschiedenen Besitzteile bedient.

[1] Es sei hier für diejenigen, welche den vorigen Abschnitt nicht ge= lesen haben sollten, nochmals betont, daß die folgende Betrachtung bezüglich der in der Wirtschaft erzeugten und wiederverbrauchten Pro= dukte nur eine Klarlegung der Grundsätze enthält, nach denen der Geld= wert derselben durch die Wissenschaft zu ermitteln ist, daß diese Ermittelungen aber keinesfalls als von den Landwirten selbst auszu= führen gedacht sind.

Unter Geldwert verstehen wir den in einem bestimmten Geld=
betrage geschätzten Wert eines Gutes.

Eine Schätzung des Wertes der Güter wird zunächst vorge=
nommen, wenn dieselben ihren Eigentümer wechseln. Jedermann,
der etwas kauft oder verkauft, schätzt zunächst den Wert der zu
kaufenden, bezw. zu verkaufenden Güter, und da man sich ganz
allgemein des Geldes als Maßstab für den Wert bedient, so wird
hierbei der Geldwert geschätzt. Kommt der Kauf oder Verkauf that=
sächlich zum Abschluß, so wird die Schätzung des Geldwertes fest=
gelegt. Hierzu ist erforderlich, daß der Käufer nicht niedriger schätzt
als der Verkäufer. Wird ein Gut häufig gekauft und verkauft,
so findet eine Schätzung seines Geldwertes häufig statt, und ebenso
häufig eine Übertragung der Schätzung in die Wirklichkeit.

Wird der Umtausch ganz allgemein, so muß auch die Schätzung
des Geldwertes ganz allgemein sein, und da der Umtausch solange
statthaben muß, als noch höherschätzende Käufer vorhanden sind,
so müssen sich die einzelnen Schätzungen einander praktisch nähern,
theoretisch gleich werden. Auf diese Weise entsteht ein auf all=
gemeiner Schätzung beruhender Geldwert, den wir Marktpreis
nennen.

Fragen wir uns nun, was für die Schätzung des Geldwertes
der Güter auf dem Markte maßgebend ist und für welche Güter
dieselbe eintritt, so müssen wir auf die erste Frage antworten,
daß jeder Käufer den Wert schätzt und in Geld ausdrückt, den die
Güter für seinen Gebrauch haben. Dieser Gebrauch kann zweierlei
Art sein. Entweder können die Güter ohne Weiteres zur Stillung der
Bedürfnisse der Menschen dienen, oder aber sie müssen vorher erst noch
in solche Güter umgewandelt werden, die hierzu imstande sind.
Im ersteren Falle wird bei der Geldwertsschätzung das Maß ihrer
Fähigkeit geschätzt, den Bedürfnissen, deren Befriedigung sie dienen
sollen, abzuhelfen. Es wird dieses Maß dabei mit dem der anderen
Güter und deren Beschaffungsschwierigkeit verglichen. Bei Gütern
dagegen, welche noch erst zum fertigen Produkte ausgestaltet werden
müssen — wir haben sie Vorprodukte genannt — wird der
Wert geschätzt, den sie für die Ausgestaltung oder Umwandlung

zum Produkt haben. Dieſe Schätzung zerfällt in eine Reihe von
Teilſchätzungen. Einmal wird zu ermeſſen geſucht, wieviel Pro=
dukte ſich aus den Vorprodukten herſtellen laſſen, dann, welchen
Geldwert bezw. Preis die erſteren vorausſichtlich haben werden,
ſchließlich, wie viele Koſten die Umwandlung zum Produkt noch
erfordert und was der Unternehmer, der die Umwandlung bewirkt,
als Vergütung für ſeine Umwandlungsarbeit fordern muß. Nach
dieſen Geſichtspunkten werden die Vorprodukte jedoch nur vom
Käufer geſchätzt. Der Verkäufer dagegen fragt nach den Koſten,
welche ihm die Herſtellung der Vorprodukte verurſacht und welche
Vergütung für ſeine Arbeit ihm zufallen muß. Werden ihm dieſe
Aufwendungen nicht erſetzt, ſo wird er auf die Dauer die Vor=
produkte nicht weiter herſtellen. Nennen wir dieſen Koſtenerſatz
zuzüglich Arbeitsvergütung „Produktionskoſten“, die Koſten der
weiteren Umwandlung zuzüglich der dafür nötigen Arbeitsvergütung
dagegen „Umwandlungskoſten“, ſo können wir ſagen, daß bei Kauf
und Verkauf der Vorprodukte dieſe beiderſeitigen Koſten geſchätzt
werden. Werden Vorprodukte ganz allgemein geſchätzt, ſo werden
mithin einerſeits die Produktionskoſten, andererſeits die Umwand=
lungskoſten der allgemeinen Schätzung unterworfen und dieſe all=
gemeine Schätzung in ihrem Marktpreiſe zum Ausdruck gebracht.

Sowohl bei der Schätzung der fertigen als bei der der Vor=
produkte kommen im Marktpreiſe nicht die Produktionsverhältniſſe
eines oder weniger Fälle zum Ausdruck, ſondern ſolche Pro=
duktionsverhältniſſe, welche eine den allgemeinen Erwerbsverhält=
niſſen einer Berufsart entſprechende Arbeitsvergütung in ſich ſchließen.
Diejenigen Produzenten, welche unter den ungünſtigſten Verhältniſſen
produzieren — deren Produkt aber auf dem Markte zur Deckung
des Bedarfes noch gefordert wird — müſſen im Marktpreiſe noch
eine angemeſſene Vergütung ihrer Erzeugungskoſten bezw. Um=
wandlungskoſten erhalten, und der Marktpreis muß demnach einer
ſolchen normalen Vergütung entſprechen, bezw. ſich ihr dauernd zu
nähern ſuchen. Die unter günſtigeren Verhältniſſen Produzierenden
werden ſich auf die Dauer mit ihren Erzeugungs= und Um=
wandlungskoſten den erſtgenannten ebenfalls nähern, weil in der

gesamten Volkswirtschaft jede Möglichkeit, eine Rente zu erzielen, kapitalisiert zu werden pflegt. In den höheren Preisen der Produktionsmittel geht ihr Vorteil wieder verloren, indem ein größerer Teil des hier erzielbaren höheren Rohertrages durch diese höheren Preise als Kosten absorbiert wird. Uns interessiert hier jedoch hauptsächlich die erste der beiden letztgenannten Thatsachen. Werden im Marktpreise der Produkte normale oder nennen wir sie durchschnittliche Produktionsverhältnisse geschätzt, so liegt es auf der Hand, daß derjenige, welcher sich des Marktpreises für seine Rechnungen als Grundlage für den Geldwert der Güter bedient, einen Vergleich seiner besonderen Produktionsverhältnisse mit diesen als Durchschnitt geschätzten Produktionsverhältnissen vornimmt. Es ist das ein Satz, der die weittragendste Bedeutung hat, so selbstverständlich derselbe auch scheinen mag. Es ist ja ohne genaueres Eingehen auf die Sache klar, daß der Zweck der Buchführung nur ein Vergleich durchschnittlicher Produktionsverhältnisse mit denen eines bestimmten Falles sein kann. Demnach darf derjenige Produzent, welcher sich Vorprodukte kauft, für dieselben keinen anderen Geldwert in Rechnung setzen, als den gezahlten Marktpreis. Ebensowenig darf er für die hergestellten Produkte oder vervollkommneten Vorprodukte einen anderen als den erzielten Marktpreis für die Rechnungen benutzen. Würde ein Unternehmer sich beispielsweise eines geringeren Geldwertes bei der Rechnung bedienen, so müßte er beim Einkauf zugleich einen erlittenen Schaden mit in dieselbe einsetzen, damit bewiese er aber die wirtschaftliche Unzulässigkeit des gemachten Einkaufs. Wollte er dagegen den Geldwert höher als den gezahlten Marktpreis bemessen, so müßte er für den Einkauf selbst einen Vorteil in Rechnung setzen. Er würde damit aber das Bild seiner Produktion zu einem unrichtigen gestalten, denn diese hätte die Vorprodukte alsdann billiger auf dem Markte kaufen können, als ihr dieselben vom Unternehmer überwiesen wurden.

Findet die Thätigkeit, welche Vorprodukte in Produkte umwandeln soll, nicht am Markte selbst, sondern außerhalb desselben

statt, so sind erstere am Produktionsorte mit dem Marktpreise zu=
züglich der Einkaufsunkosten in Rechnung zu setzen, mit ihrem
„Einkaufsgeldwert". Die Umwandlung von Vorprodukten,
welche vom Markte bezogen werden müssen, wird hier um das
Maß der Einkaufsunkosten ungünstiger; diese Ungunst der Pro=
duktionsverhältnisse muß mithin durch Einsetzen der Einkaufs=
unkosten in die Rechnung zum Ausdruck gebracht werden. Auch
für diejenigen Produkte, welche hier außerhalb des Marktes her=
gestellt und zwecks Verkauf zu Markte gebracht werden, kann nicht
der Marktpreis allein maßgebend für den Geldwert loko Produktions=
ort sein. Der Marktpreis wird hier nicht erzielt, sondern nur
ein „Verkaufsgeldwert", welcher aus Marktpreis abzüglich
Verkaufsunkosten gebildet sein muß. Nur dieser darf mithin als
Grundlage für die Rentabilitätsrechnungen über die Produktion
benutzt werden. Einkaufs= und Verkaufsunkosten setzen sich in
erster Linie aus den Transportkosten zusammen.

Aus dieser Betrachtung ergiebt sich aber weiter folgen=
des: Mit der Entfernung vom Markte steigt, wie soeben gezeigt,
der Einkaufsgeldwert derjenigen Produkte und Vorprodukte, welche
vom Markte bezogen werden müssen. Dieses Steigen kann nun
aber nicht ins Unendliche gehen. Es muß eine Grenze geben, wo
der Nutzen, den dieselben dem Käufer gewähren können, durch den
Einkaufsgeldwert gänzlich verzehrt wird. Hier hört der Einkauf
auf. Früher schon kann die Grenze erreicht werden da, wo eine Selbst=
anfertigung rentabler ist. Alsdann hört schon hier der Einkauf
auf. — Ebenso kann das Sinken des Verkaufsgeldwertes nicht ins
Unendliche gehen. Es muß die Grenze kommen, wo der ganze
Marktpreis durch die Verkaufsunkosten verschlungen wird. Hier
muß der Verkauf selbst für solche Dinge aufhören, die keinerlei
Erzeugungskosten verursachten; für die übrigen muß er schon dort
aufhören, wo diese Kosten nicht mehr gedeckt werden können, d. h.
wo Erzeugungskosten zuzüglich Verkaufsunkosten größer sind als
der Marktpreis.

Stellt Verkauf die einzige Verwertungsmöglichkeit dar, so fällt
mit dem Verkaufsgeldwert auch jeder andere Geldwert fort. Be=

steht dagegen noch eine andere Verwertungsmöglichkeit, so bestimmt jetzt diese den Geldwert.

Besteht z. B. die Möglichkeit, Güter, die keinen Verkaufsgeld= wert mehr besitzen, weil ihr Volumen im Verhältnis zu dem am Markte erzielbaren Preise ein zu großes ist, in solche umzuwandeln, die an dem betreffenden Orte noch einen Verkaufsgeldwert haben, weil ihr Volumen im Verhältnis zu dem erzielbaren Preise ein geringes ist, von letzterem daher nur ein Teil als Verkaufsunkosten in Abrechnung gebracht zu werden braucht, so bestimmt dieser Um= wandlungsgeldwert den Geldwert derselben.

Die Umwandlung muß hier außerhalb des Marktes vorgenommen werden, weil der Umwandlungsgeldwert nicht mehr wie am Markte mit dem Verkaufsgeldwert zu= sammenfällt, sondern größer ist als letzterer. Hierbei sind zwei Fälle denkbar. Einmal kann sich außerhalb des Marktes für die fertigen Produkte ein kleinerer lokaler Markt für die Vorprodukte bilden, an dem man alsdann die Umwandlung vollzieht um von ihm aus die fertigen Produkte zum Markte der Vor= produkte zu bringen; oder aber die Umwandlung der Vorprodukte muß in denjenigen Unternehmungen vollzogen werden, in denen sie hergestellt wurden. Im ersteren Falle, der z. B. für die Herstellung von Butter in den Sammelmeiereien zutrifft, erhalten die Vorprodukte einen lokalen Preis, welcher die Schätzung des durchschnittlichen Umwandlungsgeldwertes für die besonderen Verhältnisse des Umwandlungsortes zum Ausdruck bringt. Im letzteren Falle werden sie überhaupt nicht Gegenstand eines Kaufs oder Verkaufs und damit fällt die Schätzung ihres Umwandlungsgeldwertes fort. Es trifft das für alle diejenigen Vorprodukte zu, deren Vo= lumen im Verhältnis zum Werte ein sehr großes ist und bei denen durch Arbeitsteilung und Zusammenziehung eines Teilprozesses vieler Unternehmer nur geringe Vorteile zu erzielen sind. Wo ein lokaler Preis für die Vorprodukte besteht, muß derselbe abzüglich der Verkaufsunkosten in Rechnung gesetzt werden, wo er fehlt, sind wir genötigt, die fehlende Schätzung des durchschnittlichen Erzeugungs= oder Umwandlungsgeldwertes bezw. der durchschnitt=

lichen Umwandlungs= und Erzeugungskoſten für die betreffenden Ver=
hältniſſe ſelbſt vorzunehmen, um auch dort einen Vergleich beſonderer
Produktionsverhältniſſe mit den als Durchſchnitt angenommenen
zu ermöglichen, wo Vorprodukte bei den Rechnungen in Frage
kommen, die zu den letzterwähnten gehören. Es ſind das in der land=
wirtſchaftlichen Produktion vornehmlich die Grünfuttermittel, Rauh=
futtermittel, als Produkte des Acker= und Wieſenbaues, und der
Stalldünger als Nebenprodukt der Viehhaltung. Die Umwand=
lung der Grün= und Rauhfuttermittel in Milch, Fleiſch, Wolle u. ſ. w.,
am Verbrauchsorte der in erſter Reihe in betracht kommenden
Produkte der Viehhaltung ſelbſt, kann nur für die in der Nähe des=
ſelben erzeugten Mengen das Rentabelſte ſein. Schon bei einiger
Entfernung von demſelben wird ein zu großer Teil des Markt=
preiſes durch die Verkaufsunkoſten verſchlungen, der Verkaufsgeld=
wert ſinkt unter den Umwandlungsgeldwert und letzterer muß da=
mit die Herrſchaft erlangen. Es muß das um ſo ſchneller der
Fall ſein, als der durch die Viehhaltung als Nebenprodukt erzeugte,
für den Ackerbau meiſtens unentbehrliche Stalldünger durch die
Trennung von Ackerbau und Viehzucht Einkaufsgut wird, deſſen
Einkaufsgeldwert daher mit der Entfernung vom Markte ſteigt
und zwar wegen ſeines großen Volumens ſchnell ſteigt. Sein Er=
zeugungsgeldwert muß deshalb bald unter den Einkaufsgeldwert
ſinken und erſterer damit den letzteren verdrängen. Da der Boden
ſeiner Lage nach gegeben iſt, ſich mithin die Erzeugung der in
Rede ſtehenden Futtermittel auf weite Strecken verteilt, ſo iſt hier
auch außerhalb des Marktes der Produkte eine Arbeitsteilung und
Arbeitskonzentrierung nur unter ſehr ſelten zutreffenden Verhält=
niſſen vorteilhaft; um ſo ſeltener, als die durch die Arbeitsteilung
und Arbeitskonzentrierung bedingten Vorteile geringe ſind und
daher ſchon auf ſehr geringen Entfernungen durch die Transport=
koſten aufgewogen werden. Bei dicht gedrängter Lage der land=
wirtſchaftlichen Unternehmungen iſt es noch möglich, den Butter=
herſtellungsprozeß aus den einzelnen herauszuziehen und in die
Sammelmeierei zu verlegen, bei weniger dichter Lage verſchlingen die
größeren Transportkoſten der Milch im Vergleich zu denen der

Butter diesen Vorteil und der Butterherstellungsprozeß bleibt in den einzelnen Unternehmungen als Glied der landwirtschaftlichen Produktion stecken. Der Umwandlungsprozeß von Heu, Stroh, Grünfutter muß dagegen zum weitaus größten Teile in denjenigen Betrieben verbleiben, welche diese Vorprodukte erzeugten, weil hier die Transportkosten noch weit größere und die Vorteile der Arbeits= teilung weit geringere sind. Diese Vorprodukte werden damit nicht Gegenstand des Umtausches und damit nicht allgemein bewertet.

Wenn wir uns nun der Frage zuwenden, wie ein Ersatz für die fehlende Schätzung zu erbringen ist, so haben wir zunächst wieder auf die Schätzung selbst zurückzugreifen. Bei der Preis= bildung werden die durchschnittlichen Erzeugungs= und Umwand= lungskosten geschätzt, soll diese Schätzung ersetzt werden, so sind eben diese Kosten zu ermitteln. Diese müssen gefunden werden, sie müssen in die Rechnung eingesetzt werden, um auf diese Weise die besonderen Produktionsverhältnisse mit den als Durchschnitt ge= schätzten in Vergleich stellen zu können.

Es bedarf nach den vorstehenden Erörterungen kaum noch einer Betonung, daß auf das Wort „durchschnittlich" hierbei der Nachdruck zu legen ist. Fassen wir Ackerbau und Viehzucht als zwei getrennte Betriebszweige auf, so wollen wir für jeden der= selben denjenigen Ertrag ermitteln, den sie uns in einem Jahre im Vergleich mit den als Durchschnitt zu bezeichnenden Ver= hältnissen einer bestimmten wirtschaftlichen Lage gebracht haben.

Bei jeder Güterherstellung, bei welcher die Arbeitsteilung den gesamten Produktionsprozeß in eine Reihe von Teilprozessen zerlegt hat, welche sich in verschiedenen Unternehmungen abspielen, wird für jede der letzteren durch Benutzung der Marktpreise für die Rechnungen ein solcher Vergleich gezogen. Nicht anders kann es sein, wenn wir die Trennung dadurch vornehmen, daß wir die fehlende Schätzung des Umwandlungs= und Erzeugungsgeldwertes ersetzen wollen. In jedem Jahre soll die Rentabilität der Vieh= haltung durch die Buchführung mit durchschnittlichen Rentabilitäts= verhältnissen verglichen, in jedem Jahre die Rentabilität des Ackerbaues mit der durchschnittlichen Rentabilität desselben unter den gegebenen wirtschaftlichen Verhältnissen einer Betrachtung unterworfen werden. Nur so kann die Trennung von Ackerbau und Viehhaltung für die Rechnung einen Zweck haben. Zu den zu schätzenden durchschnittlichen Erzeugungskosten der Vorprodukte muß dabei für jede Umwandlungsstufe, die geschätzt werden soll, stets die Vergütung für die bisherige Arbeit mit in betracht gezogen werden. Die Viehhaltung kann keinen Anspruch darauf haben, vom Acker- und Wiesenbau ihr Heu, Stroh, Grünfutter nur gegen Erstattung der Aufwendungen zu erhalten und am wenigsten können die in einem bestimmten Jahre gemachten Aufwendungen für den gewünschten Rentabilitätsnachweis der Viehhaltung maßgebend sein. Soll die Rentabilität für Ackerbau und Viehzucht getrennt nachgewiesen werden, so kann es nicht richtig sein, wenn die besonderen Kosten des Ackerbaues in einem Jahre als maßgebend für den Ertrag der Viehhaltung der Rechnung zu Grunde gelegt werden und wenn für die Herstellung der Ackerbauprodukte keine Vergütung in Rechnung gesetzt wird. Wird für den Ackerbau kein durchschnittlicher Ertrag bei der Bewertung seiner Produkte mitgeschätzt, so wird auch ein Vergleich seiner besonderen Ertragsverhältnisse eines Jahres mit allgemeinen unmöglich. Heu, Stroh, Grünfutter und andere für die in Rede stehenden Verhältnisse marktpreislose oder marktlose Vorprodukte müssen mit dem für diese Verhältnisse als Durchschnitt geschätzten Erzeugungsgeldwert und Umwandlungsgeldwert in die Rechnungen eingesetzt werden, wobei unter Erzeugungsgeldwert die Erstattung `der Unkosten zuzüglich Vergütung der Erzeugungsarbeit, unter Umwandlungsgeldwert die Erstattung der Umwandlungskosten zuzüglich Vergütung für die Umwandlungsarbeit zu verstehen ist. Nur so ist es denkbar, daß der Ackerbau rechnerisch eine Rente ergeben kann, nur so ist es denkbar, diese Rente als einen Vergleich der im besonderen Falle vorliegenden mit allgemeinen Produktionsverhältnissen aufzufassen.

Um diesen Geldwert genau berechnen zu können, müßte man denselben für die jeweilig in Betracht kommenden Verhältnisse aus einer größeren Zahl von Einzelfällen feststellen können. Dies ist

aber nicht möglich, weil hierzu die Unterlagen fehlen. Wir haben
jedoch vorzügliche Anhaltspunkte für eine Schätzung derselben, bei
denen gleichzeitig die Gunst oder Ungunst der jeweiligen wirtschaftlichen Lage mit zum Ausdruck gelangt. Betrachten wir zunächst
die marktlosen Futtermittel.

In denselben sind es die tierischen Nährstoffe, welche den
Wert, den sie zur Erzielung der Hauptprodukte der Viehhaltung
haben, bedingen, die Pflanzennährstoffe, welche den Wert bestimmen,
den sie für die Erzielung des Nebenproduktes der Viehhaltung, des
Stalldüngers, besitzen. Beide setzen den gesamten Umwandlungsgeldwert der Futtermittel zusammen. Ihr jeweiliger Anteil an
demselben ist ein schwankender. Der Futterwertsanteil hängt von
der Menge und dem Verkaufsgeldwert der zu erzielenden Hauptprodukte, der Düngerwertsanteil von der Menge und dem Geldwert des zu erzielenden Nebenproduktes der Viehhaltung, des
Stalldüngers, ab. Der Anteil des Düngerwertes an dem gesamten
Umwandlungsgeldwerte ist im Verhältnis zu dem des Futterwertes
nicht groß. Beachten wir den verschiedenen Anteil beider am
Gesamt-Geldwert nicht, sondern stellen uns die Sache so vor, als
hinge jedem Atom Futtergeldwert ein bestimmtes kleines Atom
Dunggeldwert an, so erhalten wir den allgemein gebräuchlichen
Begriff des Futtergeldwertes. Derselbe ist für die einzelnen Nährstoffe nicht der gleiche. Um aus den Futtermitteln möglichst viel
Produkte herstellen zu können, müssen die einzelnen Nährstoffe zu
einander und zu der für die verschiedenen gewünschten Leistungen
im ganzen verabreichten Futtermasse in einem ganz bestimmten
Verhältnis stehen. Dieses günstigste Verhältnis der Nährstoffe zu
einander ist aber in den meisten in der Landwirtschaft produzierten
Futtermitteln nicht von vornherein vorhanden, sondern muß erst
durch Zukauf einzelner Nährstoffe herbeigeführt werden. Letztere
müssen vom Markte bezogen werden; ihr Einkaufsgeldwert ist
also um so größer, je weiter der Betrieb des Landwirts vom
Markte entfernt liegt. Bei einer gewissen Entfernung vom
Markte muß er natürlich überhaupt ganz in Fortfall geraten, aber
diese Entfernung ist eine große, denn die in der Landwirtschaft

fehlenden Nährſtoffe ſind in konzentrierten Futtermitteln käuflich, welche nur geringe Einkaufsunkoſten*) verurſachen. Innerhalb dieſes Einkaufsbezirkes wird es dem Landwirt möglich, durch den Zukauf der fehlenden Nährſtoffe (Eiweiß und Fett) die im Über= ſchuß produzierten Mengen von Kohlehydraten und Füllmaſſe zu höherer Ausnußung zu bringen. Die Beſchaffungsmöglichkeit der fehlenden Nährſtoffe muß alſo den Geldwert der im Überſchuß erzeugten beſtimmen. Letzterer muß um ſo größer ſein, je mehr wir uns dem Markte nähern, um ſo niedriger, je mehr wir uns vom Markte entfernen. Es muß mithin auch der Geldwert der Kohlehydrate und Füllmaſſe im Heu, Stroh, Grünfutter um ſo mehr im Werte ſteigen, je mehr mit der Nähe des Marktes die Möglichkeit wächſt, dieſelben durch billigen Ankauf von Eiweiß und Fett zur Verwertung zu bringen. Umgekehrt iſt es dagegen mit dem Geldwert von Eiweiß und Fett ſelbſt. Derſelbe muß mit der Entfernung vom Markte ſteigen, denn der Marktpreis ſteigt hier um die Transportkoſten der zu kaufenden eiweiß= und fett= reichen Futtermittel. Die von dem Landwirt ſelbſt produzierten Mengen von Eiweiß und Fett können aber nicht höher und nicht niedriger veranſchlagt werden, als die Einkaufskoſten der zu kaufenden ausmachen. Sind uns mithin die Einkaufskoſten für Eiweiß und Fett bekannt, ſo können wir den Geldwert dieſer Nährſtoffe auch in den ſelbſterzeugten Futtermitteln dort ermitteln, wo ein Einkauf dieſer Nährſtoffe wirtſchaftlich noch möglich iſt. Der Einkaufsgeldwert der käuflichen Futtermittel ergiebt ſich aus deren Marktpreis zuzüglich der Einkaufsunkoſten.

Können wir aus dem Marktpreiſe der käuflichen Futtermittel den Preisanteil der einzelnen Nährſtoffe berechnen, ſo iſt damit auch die Möglichkeit gegeben, die Einkaufsunkoſten auf dieſe zu verteilen, alſo den Einkaufsgeldwert für einen beliebigen Ort feſtzuſtellen, für den uns die Einkaufsunkoſten bekannt ſind. Erſteres iſt uns möglich, und zwar in einer ziemlich einfachen Weiſe, durch Anwendung der Differenzrechnung, wofür der Beweis in der

---

*) Unter Einkaufskoſten verſtanden wir Einkaufsunkoſten plus Marktpreis.

ausführlicheren Arbeit über diesen Gegenstand, auf welche schon im Vorwort verwiesen wurde, vom Verfasser erbracht ist.*) Natürlich müssen hier die durchschnittlichen Preise der Nährstoffe einer Reihe von Futtermitteln benutzt werden. Weiter dürfen dabei nur diejenigen maßgebend sein, welche thatsächlich vom Markte zu Futterzwecken bezogen werden, nicht etwa solche, welche dort hingebracht sind, um verfüttert oder zu anderen Zwecken benutzt zu werden. Futtermittel, die als solche zu Markte gebracht werden, müssen außerhalb desselben um die Verkaufsunkosten niedriger stehen, so z. B. Hafer. Sollen diese als Maßstab für den Geldwert der Nährstoffe in den selbsterzeugten Futtermitteln dienen, so sind also zunächst die Verkaufsunkosten für dieselben in Abzug zu bringen. Sie können aber auch dort erst für die Rechnungen maßgebend sein, wo der Verkaufsgeldwert der Nährstoffe in denselben nicht höher steht, als der Einkaufsgeldwert der zuzukaufenden. So lange der Verkaufsgeldwert der Nährstoffe im Getreide größer ist als der Einkaufsgeldwert der gleichen Mengen gleicher Güte in den käuflichen Futtermitteln, darf der Landwirt sein Getreide nicht verfüttern und auch den Verkaufsgeldwert desselben seinem Vieh nicht zur Last legen, er muß es verkaufen und die billigeren Nährstoffe an seine Stelle setzen, dabei aber auch die Beschaffungskosten der letzteren für die Rentabilitätsberechnungen in betracht ziehen.

Anders ist es dort, wo die in den Rauhfuttermitteln fehlenden Nährstoffe nicht mehr billiger zu beschaffen sind, als durch Verfütterung des Getreides. Hier muß der Verkaufsgeldwert des letzteren ungekürzt als Rechnungsposten dienen. Der Landwirt zieht alsdann einen Vergleich, um wieviel er sein Getreide durch Verfütterung besser, bez. schlechter verwertet hat als durch Verkauf, und handelt damit richtig. Kann er dagegen die Nährstoffe, welche dasselbe enthält, an Ort und Stelle billiger beschaffen, so müßte er sich, falls er den Verkaufsgeldwert des Getreides benutzen wollte, den Unterschied zwischen dem Preise der Nährstoffe desselben und

---

*) s. auch Nachrichten des Klubs der Landwirte 1896.

dem der käuflichen Futtermittel ſofort als Schaden in Rechnung
ſetzen und käme damit doch auf letzteren Geldwert zurück.

Damit hätten wir geſehen, wie der Geldwert von Eiweiß und
Fett für die ſelbſterzeugten Futtermittel gefunden werden kann, und
weiter, daß der Geldwert der Kohlehydrate und Füllmaſſe um ſo
größer iſt, je näher dem Markte wir uns befinden, während dies
bei den zuzukaufenden Nährſtoffen umgekehrt iſt.

Hieraus geht zunächſt hervor, daß das Geldwertsverhältnis
zwiſchen Eiweiß und Fett einerſeits, und Kohlehydraten und Füll=
maſſe andererſeits ein um ſo weiteres wird, je mehr wir uns vom
Markte entfernen. — Wie aber ſteht es mit der jeweiligen abſo=
luten Höhe des Geldwertes von Kohlehydraten und Füllmaſſe?
Am Markte ergiebt ſich der Geldwert der Kohlehydrate und Füll=
maſſe aus dem Preiſe der käuflichen Futtermittel genau ſo wie der
der übrigen Nährſtoffe. Mit der geringeren Verwertungsmöglichkeit
derſelben infolge geſteigerter Beſchaffungskoſten der zur beſten
Ausnutzung mangelnden Nährſtoffe ſinkt ihr Geldwert. Es wird
ein immer größerer Teil desſelben durch dieſe höheren Beſchaffungs=
koſten aufgeſogen bis zu dem Punkte, wo durch dieſe Beſchaffung
kein entſprechender Nutzen mehr geſtiftet werden kann. Hier ſinken
Kohlehydrate und Füllmaſſe zu dem Werte herab, den ſie in Ver=
bindung mit den übrigen Nährſtoffen ohne Zuſatz käuflicher Futter=
mittel haben. Als Kraftfutter können hier nur die ſelbſterzeugten
Getreidekörner auftreten, deren Verkaufsgeldwert alsdann den Geld=
wert der einzelnen Nährſtoffe beſtimmen muß. Die Menge der
produzierten eiweiß= und fettreichen Futtermittel beſtimmt hier das
Maß der Ausnutzungsfähigkeit der geſamten erzeugten Futtermaſſen.
Solange ſich der Schaden, welcher durch das hier notwendige
Weiterwerden des Nährſtoffverhältniſſes bedingt wird, durch Auf=
wand größerer Futtermaſſen begleichen läßt, z. B. durch extenſivere
Fütterung einer größeren Zahl von Tieren, ohne daß ſich die
Koſten der Viehhaltung zu ſehr mehren, behalten auch Kohle=
hydrate und Füllmaſſe außer ihrem Düngegeldwertanteil noch einen,
wenn auch verminderten Futtergeldwertanteil. Sobald die ange=
deutete Möglichkeit aber nicht mehr vorliegt, d. h., ſobald ſo viele

eiweiß- und fettarme voluminöse Futtermittel gewonnen werden, daß weder durch gesteigerte Verfütterung, noch auch durch vermehrte Viehhaltung eine Steigerung der von uns gewünschten gesamten Leistungen mehr möglich ist, fällt der Futterwertsanteil für Kohlehydrate und Füllmasse fort. Es bleibt ihnen nur der Düngewertsanteil. Futtermittel, die besonders arm an Eiweiß und Fett sind, können hier mithin auch nur einen Geldwert haben, der ihrem Düngerwert ziemlich gleichkommt. Es trifft das z. B. für viele Verhältnisse für das Winterhalmstroh zu. Was im Überflusse vorhanden ist, verliert seinen wirtschaftlichen Wert für eine Produktion. Giebt es überhaupt keine Verwendung dafür so entfällt jeglicher Wert. Giebt es eine solche, so bestimmt diese jetzt den Wert. Für Stroh giebt es aber, wenn es nicht mehr verfüttert werden kann, im großen ganzen keine andere, als die Verwendung als Dünger, wobei ich den Wert desselben zur Düngerbereitung und -Konservierung (Streu) mit einschließe.

Der Geldwert von Kohlehydraten und Füllmasse schwankt also zwischen dem Futtergeldwert loko Markt und dem Dunggeldwert.

Zur Ermessung des Maßes, mit dem der Geldwert abnimmt, muß jedoch folgendes mit in betracht gezogen werden. Es ist für den Geldwert der gleichen Menge verdaulicher Nährstoffe von gleichem gesundheitlichen Werte nicht einerlei, in welchem Verhältnis dieselbe zu dem Volumen, zur Füllmasse, steht. Die Verarbeitung der letzteren durch den tierischen Organismus erfordert Kraftaufwand und damit Aufwand an verdaulichen Nährstoffen. Es ist also bei jedem Futtermittel dieser Aufwand als Verdauungskosten in Abrechnung zu bringen. Diese Verdauungskosten sind sehr verschiedene, beeinflussen daher den Wert der gleichen Menge von verdaulichen Nährstoffen in den verschiedenen Futtermitteln sehr erheblich. Besonders groß sind sie bei denjenigen Futtermitteln, die nicht nur voluminös, wie z. B. Rüben, sondern auch reich an Rohfaser sind, wie die Rauhfuttermittel.

Der Punkt, wo die nährstoffarmen Stroharten in ihrem Geldwert auf den Dungwert herabsinken, wird also verhältnismäßig schnell erreicht, da nicht nur die Menge der tierischen Nährstoffe

in ihnen eine geringe, ſondern auch der Wert dieſer geringen
Menge noch ein geringer iſt. Es iſt hier nicht der Ort, auf
dieſe Verhältniſſe näher einzugehen, es muß vielmehr auf die
diesbezüglichen Unterſuchungen von Profeſſor Dr. Zuntz=Berlin
verwieſen werden. Werden dieſe Verhältniſſe aber gebührend in
Rechnung gezogen, ferner die Höhe der Transportkoſten der Produkte
von der Wirtſchaft zur Stadt und umgekehrt, ſo läßt ſich auch der
Geldwert der Kohlehydrate und Füllmaſſe genügend genau be=
ſtimmen, um ſo mehr, als Maximalwert (Preis am Markt) und
Minimalwert (Dunggeldwert) als Grenzen gegeben ſind.

Damit hätten wir die Geſichtspunkte erörtert, nach denen der
Geldwert der Futtermittel zu berechnen iſt. Es handelt ſich nun
noch um die Geldwertsbeſtimmung des Stalldüngers, welche be=
trächtlich einfacher iſt. Auch hier muß als erſter Grundſatz maß=
gebend ſein, daß wir den Geldwert eines Gutes nicht höher und
nicht niedriger berechnen dürfen, als ſeinem Einkaufs= bezw. Ver=
kaufsgeldwert entſpricht, in welchem ſeine durchſchnittlichen Er=
zeugungs= und Umwandlungskoſten zum Ausdruck kommen. Auch
hier ſuchen wir die letzteren, weil wir ſie nicht in der Geſamtheit
ermitteln können, dadurch feſtzuſtellen, daß wir ſie für die einzelnen
wertgebenden Beſtandteile aufſuchen, um dadurch den geſamten in
Rede ſtehenden Geldwert berechnen zu können. Die Pflanzen=
nährſtoffe, welche den Wert des Stalldüngers in erſter Reihe aus=
machen, ſind bei der heutigen Kultur unſeres Vaterlandes Einkaufs=
güter. Es muß daher auch dieſer ihr Einkaufsgeldwert für ihren
Geldwert maßgebend ſein. Der Landwirt führt alljährlich Pflanzen=
nährſtoffe aus der Wirtſchaft aus und muß für Erſatz derſelben
ſorgen. Das Maß, welches er ausführt, hängt von dem Maße
ſeiner Düngerproduktion ab. Iſt dieſe groß, ſo führt er wenig
aus, er braucht mithin auch wenig zurückzukaufen; iſt ſie klein, ſo
muß er viel zurückkaufen. Jeder Centner Dünger, den er durch
Überweiſung von Futter an die Viehhaltung als Nebenprodukt
derſelben für ſeinen Acker von den ihm entzogenen Mengen zurück=
gewinnt, erſpart ihm eine Ausgabe, die gerade ſo groß iſt wie der
Einkaufsgeldwert der in ihm enthaltenen produktiven Stoffe; jeder

Zentner, den er weniger gewinnt, muß durch Zukauf bezw. Pro= duktion (Anbau von Gründungspflanzen für Stickstoff= und Humusersatz) gedeckt werden. Der Geldwert eines Zentners Stall= dünger ist mithin gleich den Einkaufskosten seiner wirtschaftlich produktiven Stoffe, soweit ein solcher Einkauf unter den be= treffenden Verhältnissen wirtschaftlich möglich ist. Es brauchen also bloß die Preise der einzelnen Pflanzennährstoffe in den käuflichen Düngemitteln zuzüglich der Einkaufsunkosten einerseits und die durchschnittliche Menge derselben im Stalldünger andererseits berechnet zu werden, um hieraus den durchschnittlichen Geldwert des Stalldüngers für die jeweiligen Verhältnisse ermitteln zu können.

Der Einkauf ist in der Nähe des Marktes am billigsten zu bewerkstelligen; hier haben mithin die Pflanzennährstoffe in den käuflichen und selbsterzeugten Düngemitteln, sofern wir nur die Verwendungszone käuflicher Düngemittel im Auge haben, den niedrigsten Geldwert. Mit der wirtschaftlichen Entfernung vom Markte steigt derselbe jedoch, wenn auch nur sehr langsam, da die Transport= kosten für die käuflichen Düngemittel keine beträchtlichen sind. Es entspricht auch vollkommen den thatsächlichen Verhältnissen, daß der Geldwert des Stalldüngers in der Nähe des Marktes niedriger zu bemessen ist, als in weiterer Entfernung. Am Markte selbst hat Stalldünger sehr häufig gar keinen Geldwert, ja oft muß der Produzent noch Geld zuzahlen, um ihn hier los zu werden. In der nächsten Nähe des Marktes kann man den Stalldünger alsdann lediglich für die Transportunkosten erlangen. So lange der Stalldünger hier billiger zu beschaffen ist, als die gleiche Menge produktiver Stoffe in käuflichen Düngemitteln, kann nur der Einkaufsgeldwert des Stalldüngers maßgebend sein, und der Geldwert der Nährstoffe der käuflichen Düngemittel ist hier nach dem Einkaufsgeldwerte des Stalldüngers zu bemessen. Wegen der hohen Transportkosten, die der Stalldünger verursacht, ist der Umkreis, in dem derselbe vom Markte bezogen werden kann, aber nur ein kleiner; bald lassen sich die Nährstoffe in den käuflichen Düngemitteln billiger beschaffen. Hier wird ihr Einkaufsgeldwert maßgebend und bleibt es solange, bis die Einkaufskosten durch den möglichen Nutzen nicht mehr auf= gewogen werden können. In der Nähe der Stadt hat der Land= wirt den Vorteil, die Pflanzennährstoffe, die er seinem Boden ent= zogen hat, billiger ersetzen zu können als der entfernter wohnende. Dieser Vorteil ist zwar fast überall in den höheren Bodenpreisen wieder ausgeglichen, aber gerade deshalb muß er zum Ausdruck kommen, wenn hier der wirklich vorhandene Reinertrag ermittelt werden soll. Der Anteil an der gesamten Rentabilität der Vieh= haltung, der auf die Erzeugung der Hauptprodukte, Milch, Fleisch, Butter u. s. w. entfällt, ist gegenüber dem auf die Erzeugung des Nebenproduktes des Stalldüngers entfallenden um so größer, je mehr wir uns dem Markte nähern, um so geringer, je mehr wir uns von demselben entfernen. In der Stadt selbst muß sich der gesamte Ertrag, sofern der Dünger keinen Verkaufsgeldwert hat, gänzlich aus den erzielten Hauptprodukten bilden. Mit der Ent= fernung von der Stadt steigt der Nutzen und der Ertrag, den die Viehhaltung durch die Düngererzeugung gewährt, ja die Bedeutung der letzteren kann hier der ersteren gleichkommen. Dieses Steigen geht allerdings nicht ins Unendliche, weil bei großer Entfernung die Bedeutung des Nährstoffersatzes im Boden sinkt und der gleichen Bodenfläche viel weniger entzogen wird, oft so wenig, daß bei reicheren Bodenarten ein Ersatz nicht notwendig ist. Bei ärmeren tritt dagegen die Benutzung immer größerer Flächen an die Stelle, bis die Grenze erreicht ist, wo die Kultur des betreffenden Bodens aufhört. Da ein auf diese Weise ermittelter Geldwert die den betreffenden Produktionsverhältnissen entsprechenden mittleren Produktionskosten zum Ausdruck bringen muß, weil diese ja in dem Marktpreise aller Produkte und Vorprodukte geschätzt werden, so muß sich die Richtigkeit der erörterten Bewertungsmethode auch dadurch beweisen lassen, daß die Produktionskosten einzelner Fälle mit den ermittelten verglichen werden. Stellt man die Produktions= kosten des Düngers z. B. für Wirtschaften, welche in der Nähe einer Stadt und für solche, welche weiter von derselben entfernt liegen, dadurch fest, daß man von den gesamten Kosten der Vieh= haltung die Erträge, welche dieselbe durch Milch, Fleisch, Butter und andere Hauptprodukte gewährt, abzieht, so muß — wenn wir richtig gedacht haben — in der Nähe der Stadt im allgemeinen ein geringerer Geldwert für den Stalldünger übrig bleiben als bei größerer Entfernung von derselben. Daß dies zutrifft, bedarf keines Beweises, es ist das eine allbekannte, aber nicht immer richtig ausgelegte Thatsache.

Schlußwort.

Vergessen darf man bei jeglicher Frage des landwirtschaftlichen Rechnungswesens niemals, daß das landwirtschaftliche Gewerbe ein ganz eigenartiges ist. Das Vorwalten des Produktions-Faktors Boden drückt der Landwirtschaft einen unauslöschlichen Stempel auf. Der Boden mit seinen Eigenschaften giebt der Landwirtschaft nicht nur die besprochene Vielgestaltigkeit und legt der Zerlegung des landwirtschaftlichen Produktionsprozesses in eine Reihe von Teilproduktionen die weitgehendsten Hemmnisse in den Weg, sondern er giebt vor allen Dingen auch dem Faktor Witterung die große Bedeutung, die derselbe in der Landwirtschaft im Vergleich mit anderen Gewerben besitzt. Derselbe ist für den Landwirt nicht nur unbeeinflußbar, sondern auch unberechenbar. Er bedingt es infolgedessen, daß der Landwirt sich mit allen seinen Maßnahmen, Erwartungen und Hoffnungen nur auf eine Reihe von Jahren stützen darf.

Nur im Laufe der Jahre ist es daher auch denkbar, aus dem wechselnden Erfolge dieser seiner Maßnahmen auf ihre Zweckmäßigkeit zu schließen. Wie der Landwirt nirgends heute säen und morgen ernten kann, so kann er es am wenigsten, wenn es gilt, die Erfolge dieser Thätigkeit festzustellen.

Nur zähe Ausdauer führt ihn auch hier, wie überall in seinem Berufe, zu dem erwünschten Ziele.